甘肃向西开放务实合作丛书

中国与丝绸之路沿线主要国家能源合作研究

——兼论甘肃向西开放进程中的能源产业合作

王荟 ◎ 著

四川大学出版社

SICHUAN UNIVERSITY PRESS

图书在版编目（CIP）数据

中国与丝绸之路沿线主要国家能源合作研究 ：兼论甘肃向西开放进程中的能源产业合作 / 王荟著 . 一 成都：四川大学出版社 ， 2023.10
 （甘肃向西开放务实合作丛书 / 刘进军主编）
 ISBN 978-7-5690-6181-9

Ⅰ．①中… Ⅱ．①王… Ⅲ．①能源经济－经济合作－国际合作－研究－中国 Ⅳ．① F426.2

中国国家版本馆 CIP 数据核字 (2023) 第 128187 号

书　　名：中国与丝绸之路沿线主要国家能源合作研究
　　　　　　——兼论甘肃向西开放进程中的能源产业合作
　　　　　Zhongguo yu Sichouzhilu Yanxian Zhuyao Guojia Nengyuan Hezuo Yanjiu
　　　　　——Jianlun Gansu Xiangxi Kaifang Jincheng zhong de Nengyuan Chanye Hezuo
著　　者：王　荟
丛 书 名：甘肃向西开放务实合作丛书
丛书主编：刘进军

选题策划：梁　平　邱小平
责任编辑：李　梅
责任校对：杨　果
装帧设计：裴菊红
责任印制：王　炜

出版发行：四川大学出版社有限责任公司
　　　　　地址：成都市一环路南一段 24 号（610065）
　　　　　电话：（028）85408311（发行部）、85400276（总编室）
　　　　　电子邮箱：scupress@vip.163.com
　　　　　网址：https://press.scu.edu.cn
印前制作：四川胜翔数码印务设计有限公司
印刷装订：成都市新都华兴印务有限公司

成品尺寸：170 mm×240 mm
印　　张：9
字　　数：176 千字

版　　次：2023 年 12 月 第 1 版
印　　次：2023 年 12 月 第 1 次印刷
定　　价：48.00 元

扫码获取数字资源

四川大学出版社
微信公众号

目　录

第一章　概　论

自中国古代西汉王朝的张骞奉命出使西域，丝绸之路便开始出现了，它一头连接着我国，另一头连接着欧洲。这条通道跨越高山、河流、沙碛、戈壁，打通地理阻隔，真正实现了不同文明的交流与对话。2000 多年过去了，绵延数千里的丝绸之路依旧在沟通我国和中亚、西亚、非洲、欧洲等丝路沿线国家的经济贸易、文化、宗教、艺术等方面发挥着重要作用。新时期，在国际政治经济秩序变动、国内经济发展布局调整的背景下，地处丝绸之路黄金路段的甘肃也迎来了和丝绸之路沿线国家友好交流、合作共赢的新机遇。

第一节　研究背景及意义

一、研究背景

（一）我国能源产业发展

20 世纪 90 年代到 21 世纪初，通过政府高层互访、各国首脑峰会等方式，我国能源外交成就斐然。我国与世界多个国家签订了政府间能源合作协议，与多个国家组织签署了能源合作框架协定，为我国对外开展双边与多边国际能源合作奠定了扎实基础。

2013 年，中国国家主席习近平提出共建丝绸之路经济带和 21 世纪海上丝绸之路倡议，得到国际社会高度关注。"一带一路"倡议是秉持开放合作精神，顺应世界多极化、经济全球化、文化多样化发展潮流，推动沿线各国在更大范围、更高水平、更深层次开展区域合作的治理新模式。随着"一带一路"倡议的提出，我国的对外能源政策也在逐步形成。能源合作作为"一带一路"倡议的重要基础和支撑，连接着欧亚两大能源消费市场和中东、中亚、俄罗斯等主要能源输出国。"一带一路"框架为国际能源合作搭建了更为有效的对话平台，创造了更加良好的国际合作环境，有助于开启更加包容的全球能源治理新模式。

在共建"一带一路"框架下，我国协调不同国家间的法律、财税、金融等投资环境，同相关国家进行战略对接，为双方加强能源合作提供了新的机制框架。此后，我国的国际能源合作进一步取得实效，建立了多个油气国际合作区域，获得了相当规模的权益油气资源。能源领域的中国企业积极"走出去"，开拓能源合作新模式和新领域，2005 年获得 83 亿美元的年经济额；到 2010 年，增长近 8 倍，达到了 738 亿美元。此后保持稳步增长态势，到 2016 年，这一数额为 746 亿美元。2005 年至 2017 年上半年，项目数量总计 748 个。[①]一个个互惠互利的能源项目落地生根、开花结果，能源合作正成为推动"一带一路"沿线国家深化合作发展，搭建互通桥梁的重要平台。

2017 年，中国国家能源局发布的《2017 年能源工作指导意见》指出，我国将继续拓展能源国际合作，深入拓展国际油气合作。推进中亚—俄罗斯、中东、非洲、美洲和亚太五大油气合作区开发建设，加大与重点国家油气合作开发力度。我国积极推进"一带一路"建设，持续加强向西开放，国际油气合作的深度和广度都得到了进一步的拓展。初步建立了以石油、液化天然气、天然气、煤炭、铀矿为主的能源进出口贸易体系，运输方式则以油轮为主、管道为辅，实现了在国际市场上现货、期货及长期购买协议等方式结合的多种贸易形式。我国国有能源企业在这一进程中不但掌握了国际能源合作项目运作模式，积累了丰富的资本运作、合同谈判等方面的经验，海外投资效益也不断提高，实力不断壮大，国际影响力显著增强。

随着国际局势的变化，经济全球化出现新的态势。我国经济社会发展在取得巨大成果的同时，亦面临着国际经贸合作不确定性和发展方式转型带来的压力，共建"一带一路"成为我国参与国际经济合作的必然选择。"一带一路"能源政策已被列入《能源发展"十三五"规划》《石油发展"十三五"规划》。

"十三五"期间，我国能源行业充分利用国内、国际两个市场，大力提高能源对外开放与合作水平，积极与共建"一带一路"国家建立能源合作伙伴关系；基本形成了中亚—俄罗斯、中东、非洲、美洲、亚太油气合作区；与全球

---

① 《中国能源企业进军海外 央企仍是排头兵》，《电力设备管理》，2018 年第 2 期，第 99~100 页。

多个国家和地区开展水电和光伏产业合作，电网建设及电力联网成效明显。[①]

如今，我国向西开放逐步深入，围绕如何重新焕发丝绸之路新活力的问题，我国和丝绸之路沿线国家都在积极探索并提出过若干合作倡议。2012 年党的十八大报告提出，要"促进沿海内陆沿边开放优势互补，形成引领国际经济合作和竞争的开放区域，培育带动区域发展的开放高地"。在向西开放中，西部地区具有无可比拟的区位交通、产业基础、人力资源和科教文化等优势，是向西开放的核心区和桥头堡。

近年来，西部省区与邻国的关系整体上比较稳定，和主要向西开放合作对象的经贸关系越来越密切，与中亚、俄罗斯等国在畜牧、种植、重工业、生物技术、基础设施、新能源等多个领域已经建立了良好的贸易合作基础。与此同时，中亚、西亚等国家的资源极其丰富，不仅是粮食、棉花、畜产品的重要产区，也是石油、天然气、有色金属等能源和矿产资源的重要蕴藏地，开发潜力巨大。但总体而言，中西亚等地由于地质条件复杂以及受生产力发展水平的制约，在地质研究、矿产勘探、油气开采工艺、技术服务、环境保护、现代化设备及材料、能源基础设施建设、日常生活用品生产能力等方面普遍薄弱。中西亚地区这种经济发展的不平衡性，使得我国西北地区在这些领域有了比较优势，双方在经济发展上形成了较强的互补关系。

（二）甘肃能源产业发展

在新中国成立初期的"一五"计划（1953—1957 年）期间，国家建设了156 项重点工业项目，其中有 16 项落户在甘肃，这使甘肃形成了比较完备的工业体系。

改革开放以后，特别是进入 21 世纪后，甘肃的有色冶金、现代农业、装备制造、生物医药、新材料尤其是新能源等新兴产业发展迅猛。当前，甘肃作为丝绸之路经济带的重要组成部分和重要交通枢纽，不但联通着我国东、西部多个省区，还是国内面向中亚、西亚以及欧洲开展商贸物流和能源输送的大通道。因此，甘肃被国家赋予了"连接欧亚大陆桥的战略通道和沟通西南、西北的交通枢纽，西北乃至全国的重要生态安全屏障，全国重要的新能源基地、有色冶金新材料基地和特色农产品生产与加工基地"的重要战略定位。[②] 甘肃是

---

① 史丹：《中国能源发展前沿报告（2021）》，社会科学文献出版社，2022 年，第 7 页。
② 国务院办公厅：《国务院办公厅关于进一步支持甘肃经济社会发展的若干意见》，https://www.gov.cn/gongbao/content/2010/content_1605328.htm。

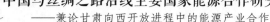
构建我国向西开放总体布局的重要门户和次区域合作战略基地,是丝绸之路经济带的重要组成部分。2015 年 3 月国家发展改革委、外交部、商务部联合发布的《推动共建丝绸之路经济带和 21 世纪海上丝绸之路的愿景与行动》指出,要发挥陕西、甘肃综合经济文化优势,形成面向中亚、南亚、西亚国家的通道、商贸物流枢纽、重要产业和人文交流基地。

甘肃省委、省政府抢抓"一带一路"建设机遇,积极推进与沿线国家的友好交往和经贸合作。甘肃充分发挥综合经济文化优势和向西开放纵深保障支撑作用,建设面向新亚欧大陆桥经济走廊、中蒙俄经济走廊、中国—中亚—西亚经济走廊、中巴经济走廊等为重点的产业合作。截至 2020 年,甘肃在"一带一路"沿线国家和地区设立 12 个商务代表处,在哈萨克斯坦、俄罗斯等地设立海外仓、批发中心等营销网点 111 个,完善了国际营销服务体系。2016 年至 2020 年 8 月底,甘肃省与"一带一路"沿线国家累计实现进出口 802.7 亿元,其中 2019 年实现进出口 201.2 亿元,占全省进出口总额的 53%。[①] 甘肃对"一带一路"沿线国家进出口贸易快速增长的势头表明,甘肃在推进与丝绸之路经济带沿线地区合作方面具有巨大潜力。

随着全球气候变暖加剧,太阳能和风能等可再生能源成为世界各国关注的焦点。甘肃在太阳能和风能资源、产业和技术开发方面具有得天独厚的条件,在可再生能源领域积累了丰富的研究成果,在国际上已经产生了重要影响。2017 年党的十九大报告指出,"要以'一带一路'建设为重点,坚持引进来和走出去并重,遵循共商共建共享原则,加强创新能力开放合作,形成陆海内外联动、东西双向互济的开放格局"[②]。

本书从国家向西开放总体布局出发,在我国国际能源合作框架内,立足甘肃和俄罗斯、中西亚等地区能源合作发展的互补性特征,以能源合作为切入点,探讨甘肃能源产业如何进一步全面融入"一带一路"共建,开启新征程。

二、研究思路和研究方法

(一)研究思路

本书的研究思路即在共建"一带一路"背景下,研究我国与丝绸之路沿线

---

① 赵文瑞:《甘肃与"一带一路"沿线国家商贸往来成绩显著》,《兰州日报》,2020 年 10 月 15 日 A18。

② 邹伟、安蓓、陈炜伟等:《"开拓造福各国、惠及世界的'幸福路'"——习近平总书记谋划推动共建"一带一路"纪实》,https://www.gov.cn/yaowen/liebiao/202310/content_6909279.htm。

主要国家的能源合作，兼论甘肃向西开放中的能源合作问题，探讨我国与俄罗斯、中亚、西亚部分国家和地区的合作。这一研究路径可以简要分解为三个步骤：首先，梳理现状，摸清我国及丝路沿线主要国家能源产业状况，为构建能源合作关系奠定基础；其次，分国别梳理我国与相关国家能源合作的基本情况并作展望；最后，在我国能源国际合作的框架下，探讨甘肃在向西开放进程中如何发展能源产业，并提出对策建议。

（二）研究方法

（1）文献研究法。借鉴已有的理论文献对主要概念进行阐述，并广泛阅读国际能源产业合作发展方面的相关文献，为新时期能源合作研究做好理论支撑。

（2）统计分析法。主要统计丝绸之路经济带沿线主要国家和地区在能源储量、能源贸易、投资和基础设施等方面的数据，并结合我国开展国际能源产业合作以及甘肃能源生产、消费等方面的数据展开综合分析。

（3）实证研究。在把握国家开展国际能源产业合作的总体布局上，落脚于甘肃的能源产业发展现状和特点，重点研究甘肃向西开放中的能源合作问题。

三、研究意义

当前，我国和丝绸之路经济带沿线国家和地区在能源、交通、电信、农业、化工、纺织、科技创新等各个领域的合作已经取得了丰硕成果。其中，能源合作是“一带一路”共建的重点内容。研究我国国际能源合作的发展问题对于实现经济社会发展，保障能源安全等具有重大意义。新阶段，在能源资源禀赋上独具特色的甘肃为全面参与“一带一路”建设，深度融入国家发展大局，更应继续打好能源“优势牌”，加快“走出去”和“引进来”步伐，为国家的国际能源产业合作发展作出贡献。因而，研究我国能源国际合作以及甘肃向西开放中的能源发展问题，具有重要价值。本书的研究意义主要体现在以下几个方面。

（一）“一带一路”倡议背景下我国国际能源合作面临的机遇与挑战

在“一带一路”倡议背景下，伴随国际能源形势的变化与调整及“大能源时代”的到来，我国的国际能源合作迎来了战略机遇。在“大能源时代”，能源权力被重新构建，不再以“油权”为唯一核心，还包含“能源供应权”“能源需求权""能源技术权""能源金融权"及相应的"能源碳权"等。中国已成为全球最大能源消费国和能源进口国，巨大的消费力和消费市场使中国对能源价格拥有一定的影响力，进而重新塑造中国的对外能源关系。未来，如何在能源生产和消费革命所涉及的各个方面加强国际合作，更有效地利用国际资源、保障能源安全是我国面临的最大目标和任务，亦是我国实施能源生产与消费革命的战略机遇。

（二）为国家经贸合作大格局注入甘肃力量

"一带一路"背景下，甘肃向西开放中的能源合作与我国深化改革、扩大合作、实施西部大开发息息相关，借助地理地缘优势，甘肃与丝绸之路沿线国家和地区在资源开发、管道运输、油品销售、装备制造、工程建设等诸多合作领域前景广阔，这对我国的能源安全、区域经济社会发展、睦邻友好关系的构建都有重要作用。

（三）有助于促进区域协调发展，推进甘肃经济转型升级

甘肃是连接亚欧大陆的交通枢纽，通过向西开放加强能源产业发展和合作，能够进一步加快甘肃的进出口贸易、技术交流、装备制造和能源基础设施建设，推进甘肃经济转型升级。同时，对加速西北地区经济协调有序发展，构建多领域、多途径、全方位的向西开放格局亦有积极作用。

（四）对建立健全向西开放的合作机制有积极推动意义

加强甘肃与周边省区以及中亚、西亚、俄罗斯等国家和地区的能源合作，有助于促进甘肃能源工业设备的更新改造和新工艺、新技术的推广应用，有助于加强节能技术改造，提高能源利用效率，有助于探索建立适合甘肃发展的个性化、多元化、专业化模式和机制。

第二节 研究述评

国际能源合作是能源研究领域的热点，针对这一主题展开的研究颇多，既有探讨国际合作产生根源的理论研究，亦有侧重于实践的合作战略、合作模式研究。

一、相关概念

（一）能源

随着全球经济的高速发展，"能源"已经渗入经济社会生活的方方面面，能源安全也上升到国家安全的高度。《大英百科全书》对"能源"定义是：一个包括所有燃料、流水、阳光和风的术语，人类用适当的转换手段便可让它为自己提供所需的能量。中国出版的《能源百科全书》对"能源"的定义是：可以直接或经转换提供人类所需的光、热、动力等任一形式能量的载能体资源。可见，能源是一种呈多种形式的，且可以相互转换的能量的源泉。概而言之，能源是自然界中能为人类提供某种形式能量的物质资源。《中华人民共和国节约能源法》认为"能源"是指煤炭、石油、天然气、生物质能和电力、热力以及其他直接或者通过加工、转换而取得有用能的各种资源。[①] 本书探讨的"能源"主要指涵盖在这一定义下的煤炭、原油、天然气、核能、电能等能源。

（二）能源合作

国际合作领域的相关研究对"合作"的一般定义是，行动者根据他人的实际或预期偏好来调整各自行动的过程，通过这一过程实现政策的协调。如果行动者在单边行动中没有考虑他们的行为会给他人带来的影响，或者不作为，这些行为虽然并不试图降低其他人的收益，但是仍然被定义为不合作行为。随着国际环境机制研究的出现，学者又在此基础上，对"合作"的定义进行了扩展，指出合作包括了重复的过程，这一过程在复杂和持续的治理秩序和潜在的社会改变上，继续超越最初的协议和结果。

虽然各类文献对"能源合作"没有统一的定义，但对能源合作目标的认识是一致的，即要通过能源合作，保障本国的能源安全和国家安全。我们可以认为，能源合作是各国以能源安全和国家安全为目标，相互之间通过谈判进行政策调整，参与各方通过调整各自的期望以达成阶段性共识的状态。[②]

---

① 《中华人民共和国节约能源法》，https://www.gov.cn/govweb/fwxx/bw/gjdljgwyh/content_2263055.htm。

② 扈剑晖：《国家安全视角下的中俄能源合作战略研究》，人民日报出版社，2017年，第22页。

二、国际能源合作概述

国际能源合作不仅仅是产业合作，更是涉及国际关系、国际政治的博弈过程。因此，针对国际能源合作的研究多具有多层次、多维度的特点。

（一）理论研究

关于国际能源合作理论层面的研究主要集中在国际能源合作动因方面，旨在阐释各国为什么要进行国际能源合作，其主流理论有以下三种。一是以现实主义代表人物汉斯·摩根索（Hans Morgenthau）[①] 和新现实主义代表人物肯尼思·华尔兹（Kenneth Waltz）[②] 为代表的"能源合作－国家权力"理论。该理论认为，能源合作是为了获得更大的经济和政治利益，揭示了"共同利益－能源合作"的合作条件。二是以梅森·威尔里奇（Mason Willrich）、米克（Meek）、切卡罗瓦（Chakarova）以及新自由主义代表人物罗伯特·基欧汉（Robert Keohane）为代表的"国际机制－能源合作"理论。该理论认为，国际机制通过代表合作各方的共同利益，降低合作方交易成本，由此进一步促进了国际能源合作。[③] 三是以海伦·米尔纳（Helen Milner）为代表的"国内政治－能源合作"理论。该理论认为能源合作国的政治因素能够极大地影响政府对国际协定的谈判能力。[④]

（二）研究方法

针对国际能源合作战略，学者多通过博弈模型进行研究和阐释。研究方法有以下三种。一是非合作博弈法。这一方法主要分析无政府状态下的能源合作。代表人物为邓肯·斯奈德尔（Duncan Snidal），他总结了以非合作博弈法架构无政府状态下能源合作的方法[⑤]，也阐释了用非博弈方法讨论此类问题的

---

① 汉斯·摩根索：《国家间政治：权力斗争与和平》，徐昕译，北京大学出版社，2006 年，第 130 页。

② 肯尼斯·华尔兹：《国际政治理论》，信强译，上海人民出版社，2004 年，第 169 页。

③ 罗伯特·基欧汉：《霸权之后：世界政治经济中的合作与纷争》，苏长和、信强、何曜译，上海人民出版社，2001 年，第 229~230 页。

④ 海伦·米尔纳：《利益、制度与信息：国内政治与国际关系》，曲博译，上海人民出版社，2010 年，第 154 页。

⑤ 邓肯·斯奈德尔：《国际政治的博弈理论》，田野、辛平译，上海人民出版社，2010 年，第 50 页。

一般思路和过程；通过分析"囚徒困境"[①] 和"猎鹿博弈"[②] 这两个典型且具有一般性理论价值的模型，解释无政府状态下的能源合作问题。二是合作博弈法。该方法从"存在有效运行的国际机制"这一前提揭示能源合作的规律，其代表性学者有艾卡尼卡瓦（Ikonnikova）、库伯林（Cobanli）、尚永庆等。[③] 三是演化博弈法，可用于说明重复博弈中合作模式的变迁。

（三）合作模式研究

我国学者对国际能源合作模式的研究通常介于战略和理论研究之间。一是对国际能源合作模式的研究。这是近年来我国能源合作领域的相关研究成果颇多。如叶蓁蓁将国际能源合作模式归纳为共同目标、共同行动、国际制度和双边相互依赖等五种模式，认为合作必须基于共同利益，并通过国际制度来稳定合作。二是对国际热点区域的能源合作问题以及我国在这些地区的能源战略的研究。如于会录等在研究丝绸之路经济带的资源合作开发时，将资源合作开发模式归纳为资源合作共赢模式和国际地缘战略合作模式，并分析了各合作模式下的合作形式。王双从地缘政治经济学的视角研究东北亚的能源问题，识别了影响东北亚能源合作的地缘政治因素，最后提出该地区的能源合作范式以及建设东北亚共同体的政治、技术和机制基础。李冉研究了围绕里海—中亚天然气管道的大国博弈，分析了不同政治力量在该地区的竞争态势及外交博弈，讨论三方博弈给我国带来的机遇及我国的战略对策。[④]

三、"一带一路"倡议

（一）"一带一路"倡议提出的背景

世界局势风云变幻，金融危机、能源危机、经济疲软、发展分化的不确定性客观存在，国际贸易进一步多变化、融合化发展的趋势亦较明显，各国都在寻找既适合本国情况又顺应世界发展趋势的路径和模式。就我国而言，能源产

---

① "囚徒困境"是博弈论的非零和博弈中具有代表性的例子，说明为什么即使在对合作双方都有利时，保持合作也是困难的，反映个人最佳选择并非团体最佳选择。

② "猎鹿博弈"是一种描述安全与社会合作之间的冲突的博弈，又称保证型博弈（assurance game）、信任困境（trust dilemma），是一种非零和博弈。猎鹿博弈和囚徒困境的最大区别之一，在于当双方都不合作时所获得的惩罚相对较小。

③ 扈剑晖：《国家安全视角下的中俄能源合作战略研究》，人民日报出版社，2017 年，第 36 页。

④ 扈剑晖：《国家安全视角下的中俄能源合作战略研究》，人民日报出版社，2017 年，第 37～42 页

业亟待升级换代、全要素生产率较低、外汇资产过剩，油气资源需求与本国资源禀赋的供需矛盾导致能源对外依赖度较高等问题亟待解决。与此同时，邻国与我国加强合作的意愿普遍上升，各国开展"一带一路"共建的现实基础业已具备。"一带一路"倡议的提出恰逢其时，它不仅符合国际社会的发展需求，亦符合各国人民对美好生活的追求，更为国际合作、全球治理和世界和平发展做出了务实且积极有益的探索。

（二）"一带一路"倡议的提出

2013 年 9 月，中国国家主席习近平在哈萨克斯坦纳扎尔巴耶夫大学发表题为《弘扬人民友谊　共创美好未来》的重要演讲，提出共同建设丝绸之路经济带倡议。

2013 年 10 月，习近平主席提出共建 21 世纪海上丝绸之路倡议。

2015 年 3 月，国家发展改革委、外交部、商务部联合发布了《推动共建丝绸之路经济带和 21 世纪海上丝绸之路的愿景与行动》。

2017 年 5 月，"一带一路"国际合作高峰论坛在北京举行，习近平主席出席高峰论坛开幕式，并主持领导人圆桌峰会。

2018 年，世界聚焦中国改革开放四十年成就，愈加能够认识到，我国积极推进共建"一带一路"，正是新时代我国全面深化改革、扩大开放的明证，正是我国致力于加强国际合作、完善全球治理的切实行动。正如习近平主席在推进"一带一路"建设工作五周年座谈会上指出的："共建'一带一路'顺应了全球治理体系变革的内在要求，彰显了同舟共济、权责共担的命运共同体意识，为完善全球治理体系变革提供了新思路新方案。"①

（三）"一带一路"倡议

"一带一路"建设秉承共商、共享、共建原则，肩负着三大使命。

一是我国改革开放四十多年，积累了丰富的成功经验，取得了众多发展成效，"一带一路"建设可以进一步增进各国间的了解和合作，在分享成功经验的同时加强经济合作，实现共赢发展，积极探寻经济增长之道。

二是通过"一带一路"建设进一步推动经济全球化，缩小贫富差距，改善地区发展不均衡，进一步构建人类命运共同体，共建和谐世界。

---

① 国纪平：《习近平主席提出"一带一路"倡议 5 周年：构建人类命运共同体的伟大实践》，https://www.gov.cn/xinwen/2018-10/05/content_5327979.htm。

　　三是通过"一带一路"建设，以经济走廊理论、经济带理论、21 世纪的国际合作理论等创新经济发展理论、区域合作理论、全球化理论全面创新地区合作模式。

第二章　我国能源资源禀赋及产业发展

我国能源资源禀赋特点明显，一方面我国拥有丰富的非化石能源资源，可再生能源资源富集；另一方面，"富煤、缺油、少气"的资源禀赋特点深刻影响着我国经济社会发展建设的方方面面。总体而言，改革开放以来，我国的能源产业逐步发展，取得了令人瞩目的成绩。

第一节　我国能源资源禀赋

一、石油

现代工业和现代文明的兴起和发展无法离开石油这一重要的能源基础。一国经济尤其是现代工业经济的发展，必然高度依赖石油这一重要能源和工业原料，石油的重要性显而易见。

从分布来看，我国的石油资源集中分布在渤海湾、松辽、塔里木、鄂尔多斯、准噶尔、珠江口、柴达木和东海陆架八大盆地。从资源深度分布来看，我国石油可采资源有80％集中分布在浅层（＜2000米）和中深层（2000～3500米），分布在深层（3500～4500米）和超深层（＞4500米）的较少。我国自然资源部发布的《2020年全国矿产资源储量统计表》中的数据显示，我国剩余探明技术可采石油储量为36.18亿吨。储量超过1亿吨的省区有八个，分别是新疆维吾尔自治区、甘肃省、陕西省、黑龙江省、河北省、山东省、吉林省、辽宁省。其中新疆维吾尔自治区剩余探明技术可采石油储量为6.25亿吨，排名第一。[1]

---

[1]　中华人民共和国自然资源部：《2020年全国矿产资源储量统计表》，https://www.mnr.gov.cn/sj/sjfw/kc＿19263/kczycltjb/202111/t20211122＿2706327.html。

二、天然气

天然气是优质高效的清洁能源。一方面，天然气用途广泛，可以用作工业燃料，可代替煤来发电；可以用于烤漆生产线、烟叶烘干、沥青加热保温等方面的工艺生产；是制造氮肥的最佳原料；可用于城市居民生活燃料；可代替汽车用油。另一方面，天然气的全球资源储量远高于石油，对它的能源开发利用更具长期性和保障性。由于天然气具有价格低、污染少、安全等优点，以及用途广泛、资源储量庞大的特点，世界各国日益重视天然气的开发利用。

我国的天然气资源既分布在陆上也分布在海域。其中陆上天然气主要分布在中部、西部地区，已探明储量主要集中在渤海湾、四川、松辽、莺歌海、琼东南、柴达木、鄂尔多斯等地。中国气田以中小型为主，大多数气田的地质构造比较复杂，勘探开发难度大。海上气田则主要蕴藏于 300 多万平方千米的管辖海域下。根据我国自然资源部发布的《2020 年全国矿产资源储量统计表》中的数据，截至 2020 年，我国剩余探明技术可采天然气储量为 62665.78 亿立方米。储量排名前五的省区分别是：四川省，拥有 15274.98 亿立方米；新疆维吾尔自治区，拥有 11237.85 亿立方米；陕西省，拥有 11096.45 亿立方米；内蒙古自治区，拥有 10123.53 亿立方米。此外，我国剩余探明技术可采页岩气储量为 4026.17 亿立方米，剩余探明技术可采煤层气储量为 3315.54 亿立方米。[①]

三、煤炭

煤炭是地球上蕴藏量最丰富、分布地域最广的化石燃料，用途广泛，可用于发电、建材、生活燃料、冶金燃料等方面。

我国的煤炭资源较丰富，全球煤炭产量近半来自我国。我国煤炭资源分布面广，除上海市和天津市以外，其他省（区、市）都有不同数量的煤炭资源。根据我国自然资源部发布的《2020 年全国矿产资源储量统计表》，截至 2020 年，我国剩余探明技术可采煤炭储量为 1622.88 亿吨。储量排名前五的省区分别是：山西省，拥有 507.25 亿吨；陕西省，拥有 293.90 亿吨；内蒙古自治区，拥有 194.47 亿吨；新疆维吾尔自治区，拥有 190.14 亿吨；贵州省，拥有

---

① 中华人民共和国自然资源部：《2020 年全国矿产资源储量统计表》，https://www.mnr.gov.cn/sj/sjfw/kc_19263/kczycltjb/202111/t20211122_2706327.html。

91.35 亿吨。[①]

第二节　我国能源产业发展

改革开放以来，我国的能源事业克服发展困境，积极探索，最终取得傲人的成绩。当今，我国作为世界上最大的能源生产国，能源供应基本健全，形成了涵盖煤炭、电力、石油、天然气、光伏、风电、核电等多种能源在内的多元能源供应体系。经过多年的努力，我国的能源生产总量持续增长、能源供应结构清洁化进程加速、能源贸易持续增长、能源消费增速上扬、能效水平大幅提升、能源企业改革成功转型，这些成就不仅在改善民生、促进经济社会健康高速发展方面贡献了力量，更为能源合作向西开放、纵深发展以取得新进展打下了坚实的基础。

一、我国新增能源地质探明储量稳步增长

2015 年、2016 年，我国石油和天然气的探储量有一段低谷期，尤其到 2017 年，我国石油和天然气的新增探明地质储量跌至 10 年内的最低。此后，随着勘查、开采投资逐步增加，我国新增能源地质探明储量开始稳步增长。勘查理论与技术，特别是天然气水合物成藏理论、试采技术方法体系、砾岩油区成藏理论和特低渗－致密砂岩气藏开发动态物理模拟系统等一系列理论方法的研发及创新使用，进一步促进了油气田的高效开发并不断取得重要成果。

2017 年，我国加大了石油、天然气、页岩气、煤层气和天然气水合物等资源的勘查投资额，共投资了 597.46 亿元开展勘查工作，同比增长了 13.3%；开采投资额达到了 1629.02 亿元，同比增长了 22.2%。当年石油新增探明地质储量 8.77 亿吨，天然气新增探明地质储量 5553.8 亿立方米；成功实施了海域天然气水合物首次试采，实现了历史性突破；初步完成了海域深水（300 米以深）和银额盆地油气资源潜力评价。[②]

2018 年，我国油气资源勘查开采持续加大投资，成果斐然，石油新增探明地质储量 9.59 亿吨，比上年增长了 9.4%。天然气新增探明地质储量

---

① 中华人民共和国自然资源部：《2020 年全国矿产资源储量统计表》，https://www.mnr.gov.cn/sj/sjfw/kc_19263/kczycltjb/202111/t20211122_2706327.html。

② 中华人民共和国自然资源部：《全国石油天然气资源勘查开采情况通报（2017 年度）》，https://www.mnr.gov.cn/gk/tzgg/201807/t20180713_2187011.html。

8311.57 亿立方米，比上年增长了 49.7%。[1]

2019 年，我国油气开采继续呈现"油稳气增"态势。当年石油新增探明地质储量 11.24 亿吨，同比增长 17.2%；页岩气新增探明地质储量 7644.24 亿立方米，同比增长 513.1%。[2]

2020 年，我国油气勘查完成探井 2956 口、进尺 839.42 万米，分别增长 2.1%、2.9%。[3] 石油新增探明地质储量 13.22 亿吨，同比增长达到 17.7%。"十三五"期间，新探明储量大于 1 亿吨的油田主要有鄂尔多斯盆地的合水油田和庆城油田、准噶尔盆地的玛湖油田、渤海莱州湾北部地区的垦利 6－1 油田。2020 年，我国天然气新增探明地质储量 10514.58 亿立方米，同比增长 30%；煤层气新增探明地质储量 673.13 亿立方米，同比增长 950.5%。[4]

可见，近年来我国油气勘查取得了重大成果，为我国能源产业奠定了坚实的发展基础，油气开采总体持续呈现"油稳气增"的特点。

二、我国能源生产宏观态势良好

（一）石油天然气

2010 年，我国原油生产量为 2.03 亿吨；2015 年，原油生产量为 2.15 亿吨；2018 年，原油生产量为 1.89 亿吨；2019 年，原油生产量为 1.91 亿吨；2020 年，原油生产量为 1.95 亿吨，同比增长 1.6%，原油占一次能源生产总量的比重为 6.8%（见表 2－1）。[5]

表 2－1　2010—2020 年部分年份我国原油生产量

年份	2010	2015	2018	2019	2020
原油产量（亿吨）	2.03	2.15	1.89	1.91	1.95

注：数据来源于《中国统计年鉴（2022）》。

---

① 王少勇：《2018 年我国油气探明储量止跌回升》，《中国自然资源报》，2019 年 7 月 17 日第 1 版。

② 陈琛：《2019 年度全国石油天然气勘查开采通报显示　取得多项找矿突破　探明储量大幅增加》，《中国自然资源报》，2020 年 7 月 30 日第 1 版。

③ 中华人民共和国自然资源部：《2021 年中国矿产资源报告》，地质出版社，2021 年，第 8 页。

④ 王中建：《2020 年我国油气勘查取得多项重要突破》，《中国自然资源报》，2021 年 9 月 21 日第 1 版。

⑤ 国家统计局：《中国统计年鉴（2022）》，http://www.stats.gov.cn/sj/ndsj/2022/indexch.htm。

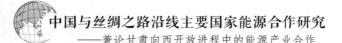

2020 年，我国天然气产量达到 1888.5 亿立方米，同比增长 9.8%，连续四年增产超过 100 亿立方米。[①] 天然气占一次能源生产总量的比重为 6.0%。[②] 总体看来，我国原油生产略有波动，但总体维持稳定，天然气生产增长明显。

（二）煤炭

2010 年，我国原煤生产量为 34.28 亿吨；2015 年，原煤生产量为 37.47 亿吨；2018 年，原煤生产量为 36.98 亿吨；2019 年，原煤生产量为 38.46 亿吨；2020 年，原煤生产量为 39.02 亿吨，原煤占一次能源生产总量的比重为 67.5%（见表 2-2）。[③]

表 2-2　2010—2020 年部分年份我国原煤生产量

年份	2010	2015	2018	2019	2020
原煤生产量（亿吨）	34.28	37.47	36.98	38.46	39.02

注：数据来源于《中国统计年鉴（2022）》。

当前，我国煤炭行业进入了需求增速放缓期、过剩产能和库存消化期、环境制约期及结构调整期的"四期并存"发展阶段。原煤生产总体依然保持平稳态势。

（三）电力

2010 年，我国电力生产量为 42072 亿千瓦时；2015 年，电力生产量为 58146 亿千瓦时；2018 年，电力生产量为 71661 亿千瓦时；2019 年，电力生产量为 75034 亿千瓦时；2020 年，电力生产量为 77791 亿千瓦时，一次电力及其他能源占一次能源生产总量的比重为 19.7%（见表 2-3）。[④] 具体而言，在水电方面，我国"十二五"期间大型水电集中投产，装机实现跨越式增长。

---

① 刘文华：《能源供应保障有力　能耗强度继续下降》，http://m. ce. cn/bwzg/202101/19/t20210119_36237082. shtml。

② 国家统计局：《中国统计年鉴（2022）》，http://www. stats. gov. cn/sj/ndsj/2022/indexch. htm。

③ 国家统计局：《中国统计年鉴（2022）》，http://www. stats. gov. cn/tjsj/ndsj/2022/indexch. htm。

④ 国家统计局：《中国统计年鉴（2022）》，http://www. stats. gov. cn/tjsj/ndsj/2022/indexch. htm。

表 2—3　2010—2020 年部分年份我国电力生产量

年份	2010	2015	2018	2019	2020
电力生产量（亿千瓦时）	42072	58146	71661	75034	77791

注：数据来源于《中国统计年鉴（2022）》。

"十三五"期间，受水电开发资源有限、生态环保等限制，水电增量有所回落。在核电方面，近年来我国核电装机与发电量快速增长，三代核电项目取得突破性进展，四代核电技术——60 万千瓦高温气冷堆核电技术方案发布，高温气冷堆技术进入商用阶段。截至 2021 年 12 月 31 日，我国运行核电机组共 53 台（不含台湾地区），装机容量为 54646.95MWe（额定装机容量），全国累计发电量为 81121.8 亿千瓦时，运行核电机组累计发电量为 4071.41 亿千瓦时，占全国累计发电量的 5.02%。[①]

风电方面，我国"十二五"期间风电实现了高增长，新增装机集中在"三北"地区（西北、东北、华北），但是由于这些地区电力消纳能力低，叠加外送电通道配套不足等因素，所以弃风率高企。2016 年，西北五省（除西藏外）合计弃风率达到 33.34%。"十三五"期间，我国多举措改善弃风率，中东部、南方地区及海上风电成为重要的增量市场，外送电通道陆续投产，有效降低了弃风率。截至"十三五"末，国家电网"西电东送"电力规模达到 3.1 亿千瓦，"三北"地区通过特高压电网向东中部地区输送新能源约 1.48 亿千瓦。总体而言，我国电力生产增长明显，电力产业发展总体向好。

截至 2020 年，我国的能源生产和供应体系包含煤炭、电力、石油、天然气、新能源、可再生能源等成熟的能源品类。全国一次能源生产总量 40.73 亿吨标准煤，比上年增长 2.52%。[②] 不同能源品种的增长势头分化明显，能源供应结构清洁化进程加速。从近年能源生产数据看，能源生产总量经历持续增长后在 2016 年转头下降，2017 年又开始逐步上扬，并一直保持了稳定增长态势。

三、我国能源进出口贸易

2010 年，我国能源进口量为 57671 万吨标准煤，出口量为 8803 万吨标准

---

① 国家核安全局：《全国核电运行情况（2021 年 1—12 月）》，china-nea. cn/site/content/39991. html。

② 国家统计局：《中国统计年鉴（2022）》，http://www. stats. gov. cn/tjsj/ndsj/2022/indexch. htm。

煤；2015 年，我国能源进口量为 77695 万吨标准煤，出口量为 9785 万吨标准煤；2018 年，我国能源进口量为 110787 万吨标准煤，出口量为 13337 万吨标准煤；2019 年，我国能源进口量为 119064 万吨标准煤，出口量为 14151 万吨标准煤；2020 年，我国能源进口量为 124805 万吨标准煤，出口量为 12838 万吨标准煤。[①] 由此可见，我国能源的总进出口量呈现逐年上涨的趋势，进口远大于出口，且进出口量差额亦呈现扩大趋势。

表 2－4 2010—2020 年部分年份我国能源进出口情况

年份	煤（万吨）		石油（万吨）		电力（亿千瓦时）	
	进口	出口	进口	出口	进口	出口
2010	18307	1911	29437	4079	55	191
2015	20406	534	39749	5128	62	187
2018	28210	494	54094	7557	57	209
2019	29977	603	58102	8211	49	217
2020	30361	319	61272	7551	48	218

注：数据来源于《中国统计年鉴（2022）》。

具体而言，煤炭方面，2010 年我国进口煤炭 18307 万吨，出口煤炭 1911 万吨。2015 年，进口 20406 万吨，出口 534 万吨。这一阶段进口量有所增加，出口量则大幅下降。此后，借国内煤炭供给侧改革之势，2018—2020 年进口煤炭量逐年增长，出口量则呈现徘徊下降趋势（见表 2－4）。可见，国内市场对于进口煤炭仍有相当的需求。

石油方面，2010 年，我国石油进口量为 29437 万吨，出口量为 4079 万吨。2015 年，我国石油进口量为 39749 万吨，出口量为 5128 万吨。2018 年，我国石油进口量为 54094 万吨，出口量为 7557 万吨。2019 年，我国石油进口量为 58102 万吨，出口量为 8211 万吨。2020 年，我国石油进口量为 61272 万吨，出口量为 7551 万吨（见表 2－4）。由于我国对石油的需求量较大，因此进口持续增加的同时出口量增加微乎其微，净进口量持续走高。

此外，2017 年，我国天然气进口量为 6857 万吨（约为 956 亿立方米），与上年同期相比增长 26.9%。到 2021 年，天然气净进口量高速增长，达到

---

① 国家统计局：《中国统计年鉴（2022）》，http://www.stats.gov.cn/tjsj/ndsj/2022/indexch.htm。

1620 亿立方米，比 2012 年增长 3.1 倍，年均增长 17.1%。[①] 我国对天然气的进口量亦呈持续增加态势。

电力方面，2010 年，我国电力进口量为 55 亿千瓦时，出口量为 191 亿千瓦时。2015 年，我国电力进口量为 62 亿千瓦时，出口量为 187 亿千瓦时。2018 年，我国电力进口量为 57 亿千瓦时，出口量为 209 亿千瓦时。2019 年，我国电力进口量为 49 亿千瓦时，出口量为 217 亿千瓦时。2020 年，我国电力进口量为 48 亿千瓦时，出口量为 218 亿千瓦时（见表 2-4）。总体而言，我国电力出口量大于进口量，电力资源较为充足。

四、我国能源产业技术创新及应用

（一）勘探开采业

我国油气资源探明储量的 80% 以上属于陆相含油气盆地，成藏条件较差，大多属于低丰度、低渗透岩性地层，这些特点使得我国的油气勘探开发难度较大。改革开放以来，我国的能源勘探技术和能力在不断探索中前进、积累，已经形成一套陆相生油理论和油气勘探开发配套技术。其中，岩性地层油气藏勘探技术、油田注水开发及聚合物驱油三次采油技术、中深层稠油开采技术、海相油气勘探技术等多项技术，已经达到国际先进水平。2020 年，我国规模以上煤炭开采和洗选业营业收入达到 20821.6 亿元，规模以上石油和天然气开采业营业收入达到 6656.9 亿元。[②]

（二）炼油加工业

原油二次加工能力和炼化一体化水平是考察衡量一国炼油加工能力的重要指标。2011 年，我国炼油加工能力为 5.4 亿吨；到 2015 年，这一数据达到 7.1 亿吨，增长了 31.48%。众多实力雄厚的现代化炼油厂也发展迅速，其中镇海石化公司、大连石化公司、茂名石化公司是位居世界前 20 的超级炼厂，其炼油能力都已经超过 2300 万吨。2020 年，我国规模以上石油、煤炭及其他

[①] 国家统计局：《能源转型持续推进　节能降耗成效显著——党的十八大以来经济社会发展成就系列报告之十四》，https://www.gov.cn/xinwen/2022-10/08/content_5716734.htm。

[②] 国家统计局：《中国统计年鉴（2021）》，http://www.stats.gov.cn/tjsj/ndsj/2021/indexch.htm。

燃料加工业营业收入达到 41976.6 亿元。[1]

（三）石化和大化工业

乙烯装置平均开工率和乙烯联合装置平均规模是考察衡量一国石化行业发展程度的重要标志。2015 年，中国乙烯装置平均开工率达到 92%，比世界乙烯装置平均开工率高出 3.5 个百分点。2015 年，中国石化的乙烯整体联合装置平均产能达到 67 万吨，比世界乙烯装置平均规模高 11.67%。此后，中国石化产业稳步发展。2020 年，中国乙烯生产量达到 2160 万吨，同比增长 4.9%。烧碱生产量达到 3643 万吨，同比增长 5.7%。化学纤维生产量达到 6168 万吨，同比增长 3.4%。[2] 2020 年，我国规模以上化学原料和化学制品制造业实现营业收入 63809.8 亿元，规模以上化学纤维制造业实现营业收入 5285.3 亿元，规模以上橡胶和塑料制品业实现营业收入 25580.3 亿元。[3] 可见，我国的石化行业总体处于国际先进水平。

五、我国能源消费

近年来，我国能源消费总量持续增加。2010 年，我国的能源消费总量为 360648 万吨标准煤，其中，煤炭占比为 69.2%，石油占比为 17.4%，天然气占比为 4.0%，电力及其他占比为 9.4%。2020 年，我国的能源消费总量达到 498314 万吨标准煤，其中，煤炭占比为 56.9%，石油占比为 18.8%，天然气占比为 8.4%，电力及其他占比为 15.9%。[4] 2020 年，我国人均能源消费量 3531 千克标准煤，比 2012 年增长 18.9%，年均增长 2.2%；人均生活用能 456 千克标准煤，比 2012 年增长 46.2%，年均增长 4.9%；人均生活电力消费量年均增长 7.3%；人均生活液化石油气消费量年均增长 6.7%；人均生活天然气消费量年均增长 8.1%。[5] 可见，近年来，我国能源消费总量和人均消

---

① 国家统计局：《中国统计年鉴（2021）》，http://www.stats.gov.cn/tjsj/ndsj/2021/indexch.htm。

② 国家统计局：《2020 年 12 月份规模以上工业增加值增长 7.3%》，http://www.stats.gov.cn/xxgk/sjfb/zxfb2020/202101/t20210118_1812459.html。

③ 国家统计局：《中国统计年鉴（2021）》，http://www.stats.gov.cn/tjsj/ndsj/2021/indexch.htm。

④ 国家统计局：《中国统计年鉴（2022）》，http://www.stats.gov.cn/tjsj/ndsj/2022/indexch.htm。

⑤ 国家统计局：《能源转型持续推进　节能降耗成效显著——党的十八大以来经济社会发展成就系列报告之十四》，https://www.gov.cn/xinwen/2022-10/08/content_5716734.htm。

费量持续上涨。在消费总量和人均消费量增长的同时，消费结构也在悄然发生变化。其中，煤炭消费占比下降了 12.3 个百分点，石油消费基本持平，天然气和电力以及其他消费占比总计上升了 10.9 个百分点。我国能源消费构成中，煤炭处于主体性地位，石油消费量高但生产量相对较低，供应依赖进口。清洁能源消费比重持续上升，能源消费结构也进一步向清洁能源方向调整，发展潜力大。

据《bp 世界能源统计年鉴（2021 年版）》数据，我国 2010 年一次能源消费 104.29 艾焦。2020 年，这一数据为 145.46 艾焦，2010 到 2020 年年均增长率为 2.1%。我国在全球的能源消费占比为 26.1%，超过美国的 15.8%，稳居榜首。印度、俄罗斯、日本分别以 5.7%、5.1%、3.1% 的占比居于第三、第四、第五名。2020 年，在能源消费构成中，我国的石油、天然气、核能的消费量低于美国，其中石油消费量占全球总量的 16.4%。煤炭、水电、可再生能源的消费量则高于美国（见表 2—5）。虽然我国的能源消费总量较高，但进一步客观分析比较，我国一次能源人均消费量为 101.1 吉焦，远低于美国 265.2 吉焦/人的消费量。[①]

表 2—5　2020 年世界一次能源消费前五名国家能源消费量

国家	一次能源消费总量（艾焦）	分品种能源消费量（艾焦）					
		石油	天然气	煤炭	核能	水电	可再生能源
中国	145.46	28.50	11.90	82.27	3.25	11.74	7.79
美国	87.79	32.54	29.95	9.20	7.39	2.56	6.15
印度	31.98	9.02	2.15	17.54	0.40	1.45	1.43
俄罗斯	28.31	6.39	14.81	3.27	1.92	1.89	0.04
日本	17.03	6.49	3.76	4.57	0.38	0.69	1.13
全球总量	556.63	173.73	137.62	151.42	23.98	38.16	31.71

注：数据来源于《bp 世界能源统计年鉴（2021 年版）》。一次能源包括进行商业交易的燃料，以及用于发电的现代可再生能源。

我国资源禀赋"富煤、缺油、少气"的特征决定了低热效率的煤炭在一次能源结构的主要地位。近年来，我国逐步降低了煤炭的消费比重，2020 年，

① bp 中国：《bp 世界能源统计年鉴（2021 年版）》，https://www.bp.com.cn/content/dam/bp/country-sites/zh_cn/china/home/reports/statistical-review-of-world-energy/2021/BP_Stats_2021.pdf。

煤炭在我国一次能源消费量的占比已经低于六成。同时，我国的能源消费总量还在持续增长。2017 年，我国能源消费总量占全球能源消费总量的 23.2％；2020 年则占到 26.1％。我国能源终端消费长期以工业为主，第二产业仍是我国国民经济增长的主要驱动力。因此，我国的能源终端消费格局长期看来相对稳定。[①]

六、我国能源产业的发展趋势分析

我国的能源产业发展趋势呈现如下特点。

（一）煤炭消费占比将持续下降

在我国能源消费结构中，煤炭消费仍占据主体地位，但呈现逐年下降趋势。根据《中国统计年鉴（2022）》数据，2010 年，煤炭在我国一次能源消费中的占比为 69.2％；到 2020 年，这一数据下降至 56.8％，共下降了 12.4 个百分点。石油、天然气消费量总体保持平稳增长，2020 年其占比分别为 18.9％、8.4％；其他清洁能源消费量占比则受益于国家政策利好持续上升，2020 年消费量占比已提高至 15.9％。可见，随着我国对天然气、风能、太阳能、核能等清洁能源的需求增长，煤炭消费比重将进一步下降，我国能源对煤炭较高的依赖性亦将逐步下降。

（二）能源结构向清洁化、低碳化方向发展

我国的能源转型以降低能源结构中化石能源比重、提高清洁能源比重为方向，实现从煤炭、石油、天然气到大力发展清洁能源的转向。我国清洁能源正在快速发展。根据《中国统计年鉴（2022）》数据，截至 2020 年底，我国发电装机总容量达到 22.02 亿千瓦，其中风电装机容量为 2.82 亿千瓦，同比增长 34.67％；太阳能装机容量为 2.54 亿千瓦，同比增长 24.51％。整体来看，中国能源产业结构向高效、清洁、低碳进程加快转型，清洁化、低碳化正成为能源经济发展的总趋势。

（三）能源企业推进体制改革，布局转型发展

党的十九大报告强调，要完善各类国有资产管理体制，改革国有资本授权

---

① 楚墨：《高盛组图：中国能源利用现状及趋势》，http://finance.sina.com.cn/world/20120817/232812884019.shtml.

经营体制，加快国有经济布局优化、结构调整、战略性重组。对能源行业而言，国企改革已成大势所趋。在 2018 年 1 月召开的中央企业、地方国资委负责人会议上，国资委表示，要稳步推进装备制造、煤炭、电力、通信、化工等领域央企战略性重组。2018 年 1 月，国家发展改革委、财政部等 12 部门联合印发《关于进一步推进煤炭企业兼并重组转型升级的意见》，支持有条件的煤炭企业之间实施兼并重组。《能源发展战略行动计划（2014—2020 年）》指出，要重点推进电网、油气管网建设运营体制改革，明确电网和油气管网功能定位，逐步建立公平接入、供需导向、可靠灵活的电力和油气输送网络。新的机制体制为能源行业企业带来新的运营模式。同时，随着能源革命、电力体制改革推进，以及云计算、大数据、能源互联网、智慧能源、人工智能等相关能源科技日新月异，未来能源行业的新模式、新业态都将随之不断涌现。

（四）国际能源合作渐入佳境，"一带一路"油气合作不断深化

根据中国石油企业协会发布的《中国油气产业发展分析与展望报告蓝皮书（2018—2019）》数据，2018 年我国石油企业海外油气权益产量突破 2 亿吨，达到 2.01 亿吨油当量，较 2017 年增长 3.7％，其中权益原油产量 1.6 亿吨，权益天然气产量 500 亿立方米。2018 年，中国石油企业继续深化"一带一路"油气合作，在哈萨克斯坦的卡沙甘油田、巴西的里贝拉油田、俄罗斯的亚马尔 LNG 等大型项目进展顺利，成功收购阿布扎比石油资产，中标伊拉克、巴西等国的油田项目，与卡塔尔签署 LNG 供应大单，完成哈萨克斯坦两座炼厂现代化升级改造，共建中俄天然气东线。[①]

第三节　我国的国际能源合作

一、我国开展国际能源合作的历史

1978—1992 年，我国石油出口量逐渐减少。这个阶段是我国全方位能源合作的酝酿阶段，采取以市场开放、能源出口换取资金、技术和设备的国际能源合作政策。

---

① 《中国石油企业协会发布〈中国油气产业发展分析与展望报告蓝皮书（2018—2019）〉》，《中国石油企业》，2019 年第 3 期，第 30 页。

1993 年，我国成为成品油净进口国。

1996 年，我国成为原油净进口国。

20 世纪 90 年代初，为了贯彻中央提出的"充分利用国内外两种资源、两个市场"的方针，我国开始实施"走出去"战略，积极开展能源国际合作。随后，我国全球能源战略进入了发展期。这一阶段的主要特点是充分运用能源外交手段，由国家主导、能源企业及其他行为主体参与，利用外交资源保障国家能源安全或以能源关系谋求国家其他利益。

2008 年金融危机后，油价低位徘徊，能源消费国在国际能源市场的影响力不断增强。我国作为全球第一大能源消费国和石油进口国，积累了几十年国际能源合作的经验与教训，在对外能源合作过程中的主动权不断提升，合作目的和方向也越来越明确。

2009 年可以被称为我国的资源投资年。我国在多个地区以收购能源企业股份、"贷款换石油"等多种方式，大力进行资源投资。

2013 年，我国提出了"一带一路"倡议。能源合作成为"一带一路"倡议的重点领域，以此为契机，我国与中亚、西亚等国家在能源领域的合作向纵深拓展，进一步推动沿线国家经济社会的发展。能源发展不只关乎国家和地区的能源安全，而且关乎国家和地区的整体利益；各主体对外能源合作的目的已经不再只是获取或拥有能源本身，而是实现经济和环境的双重效益。我国能源战略真正拥有了自己完整的国际发展战略，不再只是嵌在国家的整体对外政策中。[1]

二、我国国际能源合作进入新阶段

党的十八大以来，我国能源产业积极布局，国内相继形成了西北、东北、西南和海上四大油气进口战略通道。通过多元开发及合作共赢，我国进一步夯实了能源安全和能源合作发展基础，国际能源合作迈入新阶段。

一方面，我国的能源国际合作得到进一步加强和拓展。国际合作方面，中亚—俄罗斯、中东、非洲、美洲和亚太五大油气合作区开发建设持续推进，与此同时积极推进与主要能源合作国的能源基础设施互联互通。

另一方面，着力构建能源国际合作多边机制。我国作为亚太经济合作组织能源工作组、东盟与中日韩（10＋3）能源合作、国际能源论坛、世界能源大

---

[1] 许勤华：《改革开放 40 年能源国际合作踏上新征程》，《中国电力企业管理》，2018 年第 25 期，第 87～92 页。

会及亚太清洁发展和气候新伙伴计划的正式成员，是能源宪章的观察员，与国际能源机构、石油输出国组织等国际组织保持着密切联系。在双边合作方面，我国与许多能源消费国和生产国都建立了能源对话与合作机制。同时，我国的能源企业遵循平等互惠、互利双赢的原则，在国际能源产能合作、境外能源基础设施建设及能源工程技术服务合作等诸多领域开展合作，促进了能源合作与供应渠道的多元化发展。

我国国际能源合作形式多样。我国对外能源合作以合作伙伴之间的比较优势及相互协调来保障各自的能源与经济持续合作发展，通过国际能源贸易合作、国际能源技术合作及国际能源治理合作，开展多方面、多渠道、多层次的对外能源合作。自 1993 年我国成为成品油净进口国开始，国际能源贸易与合作的重要性日益凸显。以此为主要推力，我国进一步完善公平贸易政策、开展能源进出口贸易、优化贸易结构，通过综合运用转口贸易、期货贸易、易货贸易等方式，促进贸易方式和供应渠道多元化发展。

2012 年底，我国在全球 33 个国家执行了 100 多个国际油气合作项目。

2014 年，我国推进贯彻能源生产和消费"四个革命"发展方针，加快能源转型升级，深化国际能源合作，与哈萨克斯坦、乌兹别克斯坦、巴西、土库曼斯坦、委内瑞拉、阿根廷等国家和地区在油气、煤炭、电力、可再生能源、科技装备和能源政策等领域加强对话、交流与合作，逐步构建起能源对话与合作机制。

2016 年，我国首次对沙特阿拉伯、伊朗、埃及三国提出打造能源合作共同体；在能源外交的推动下，巴西成为我国重要的原油进口新增来源地。

2017 年，我国深入拓展国际油气合作，进一步推进中亚—俄罗斯、中东、非洲、美洲和亚太五大油气合作区开发建设，加大与重点国家油气合作开发力度；持续完善西北、东北、西南和海上四大油气运输通道，加强安全风险防控，提升通道安全可靠运输能力；推进亚太、欧洲、北美油气运营中心建设，积极发展集贸易、加工、仓储和运输为一体的海外油气运营模式。当年，我国光伏产品（包括硅片、电池片、组件及光伏逆变器）出口总额达到 157.77 亿美元。在风电和太阳能领域，我国利用自身优势，不断出口新能源相关领域产品，为其他国家利用清洁能源贡献我国力量。截至 2017 年底，共有金风科技、联合动力、远景能源、明阳智能、中国海装、东方风电等 17 家企业向 33 个国家和地区出口了 1707 台机组，累计装机 320.5 万千瓦。[1]

---

[1] 《能源发展和国际合作走进新时代》，https://www.chinacqpgx.com/hy/shownews?id=1663。

以中国石油天然气集团为代表的石油天然气能源产业企业海外项目运行平稳，发展态势良好。2017 年，中国石油天然气集团以"一带一路"合作为契机，推动海外油气合作，新签一批油气合作协议，国际油气业务稳步拓展；海外投资持续优化，国际化经营水平进一步提升；海外主要勘探区域取得一批重要油气发现，多个重点建设项目陆续投产。2017 年，中国石油天然气集团海外油气勘探投资向重点地区和重点项目倾斜，全年海外新增油气可采储量当量 9093 万吨，其中原油 6280 万吨，天然气 353 亿立方米；全年实现海外作业当量产量 16274 万吨，权益当量产量 8908 万吨，同比增长 17.2％。① 中亚、中缅天然气管道及中俄、中哈原油管道等长输管道继续保持安全平稳运营。

2019 年，"西气东输"三线闽粤支干线（广州—潮州段）、江苏 LNG 接收站气化能力扩建等 23 项工程建成投运，中俄东线天然气管道投产通气②，天然气销售终端用户突破千万。中国石油国际勘探开发有限公司（后文简称"中油国际"）数据显示，截至 2020 年 2 月 20 日，海外油气业务 2020 年累计实现油气权益产量当量 1471 万吨，完成进度计划的 101％，完成年度计划的 14.13％。③ 其中，原油权益产量 1107 万吨，天然气权益产量 45.8 亿立方米。③ 中国石油天然气集团充分发挥综合一体化优势，扎实深入拓展国际油气合作，在 35 个国家管理运作 94 个油气合作项目，遍布世界各地的服务队伍超过 1100 支，装备出口 80 多个国家和地区，在增进互利合作、民心相通方面发挥了重要的窗口示范作用。④

三、我国国际能源合作的目标与展望

我国积极参与全球能源治理，加强与世界各国的沟通与合作，深化与重点国家的双边能源合作，积极参与多边框架下的能源合作。加强与国际能源署、国际能源论坛等国际能源组织的合作，促进能源政策信息、人力资源等国际交流。我国在共同应对国际货币体系、过度投机、垄断经营等因素对能源市场的影响，维护国际能源市场及价格的稳定方面承担起国际义务的同时，发挥着积极的建设性作用。

---

① 崔茉：《中石油海外油气业务质效双升》，《中国能源报》，2018 年 01 月 29 日第 14 版。
② 廖秋雯、陈昌照：《为了可持续的未来》，《中国石油报》，2020 年 7 月 3 日第 1 版。
③ 中国石油天然气集团有限公司：《中国石油海外项目运行平稳》，http://www.sasac.gov.cn/n2588025/n2588124/c13889509/content.html。
④ 杨碧泓：《创建世界一流品牌　助力企业高质量发展》，《中国石油报》，2021 年 5 月 10 日第 1 版。

　　未来，我国深化国际能源合作的主要目标将集中在实施全球化的能源战略、提升国际竞争力、增强国际话语权、推动"一带一路"的能源合作和保障国家能源安全等方面。我国的国际能源合作目标，具体而言，一是要科学审视新发展阶段，明确树立国际能源合作的大局观，着力打造能源共同体、倡导多边能源安全、积极主张能源国际合作。二是进一步参与和引领全球能源治理，拓展能源治理合作模式，在全球气候治理中发挥作用，提升话语权。三是在积极发挥能源外交政策的基础上，加强与不同国家和地区间的国际能源合作顶层设计。四是要紧扣"一带一路"建设重点，拓宽国际能源合作领域，深入推进绿色低碳能源合作，全面推进能源合作务实深入，推动能源技术、装备、服务和标准"走出去"，建立海外装备研发、生产和维修服务体系。

第三章　俄罗斯能源资源禀赋及产业发展

第一节　俄罗斯能源资源禀赋

一、俄罗斯国家概况

俄罗斯联邦，亦称俄罗斯。俄罗斯横跨欧亚大陆，东西最长 9000 千米，南北最宽 4000 千米。其国土面积为 1709.82 万平方千米；人口 1.46 亿人；民族 194 个，其中俄罗斯族占 77.7%。经济方面，2021 年，俄罗斯国内生产总值同比增长 4.7%。截至 2022 年 9 月 30 日，俄罗斯的国际储备为 5407 亿美元。[①]

二、俄罗斯能源资源禀赋概况

俄罗斯自然资源十分丰富，种类多，储量大，自给程度高。俄罗斯国土面积居世界第一位；森林覆盖面积占国土面积 65.8%，居世界第一位；木材蓄积量居世界第一位；天然气已探明蕴藏量占世界探明储量的 25%，居世界第一位；石油探明储量占世界探明储量的 9%；煤蕴藏量居世界第五位；铁、镍、锡蕴藏量居世界第一位；黄金储量居世界第三位；铀蕴藏量居世界第七位。[②]

2020 年，俄罗斯的石油产量为 524.4 百万吨，占当年全世界石油产量的

---

①　中华人民共和国外交部：《俄罗斯国家概况》，https://www.mfa.gov.cn/web/gjhdq_676201/gj_676203/oz_678770/1206_679110/1206x0_679112/。

②　中华人民共和国外交部：《俄罗斯国家概况》，https://www.mfa.gov.cn/web/gjhdq_676201/gj_676203/oz_678770/1206_679110/1206x0_679112/。

12.6％，仅次于美国（占当年全世界石油产量的 17.1％），排名第二。[1] 原油和凝析油产量[2]为 10192 千桶/天，占当年全世界石油产量的 13.3％，仅次于美国（占当年全世界石油产量的 14.8％），排名第二。[3] 2020 年，俄罗斯的天然气凝液产量[4]为 474.9 千桶/天，占当年全世界产量的 4.1％，低于美国（占当年全世界产量的 44.1％）和沙特阿拉伯（占当年全世界产量的 13.7％），排名第三。[5] 这样的储量和产量使得俄罗斯在世界能源市场上的地位举足轻重。

第二节　俄罗斯能源产业发展

一、俄罗斯的能源战略

能源是俄罗斯国家发展非常重要的优势，以能源产业发展带动本国经济自然成为该国主要的发展路径，能源合作更成为俄罗斯推行对外政策、维护地缘政治利益的重要战略手段。随着全球能源格局的竞争、冲突与重塑加剧，叠加地缘政治冲击等因素，俄罗斯围绕提升能源外交话语权与经济利益这两个战略核心，一直持续更新自身的能源利益并调整战略诉求。2003 年俄罗斯第一个能源发展战略出台，此后每 5～6 年更新一次，以此来适应外部经济环境和国际能源局势的变化。俄罗斯先后共发布了四版"能源战略"，分别为《俄罗斯联邦 2020 年前能源战略》（2003 年）、《俄罗斯联邦 2030 年前能源战略》（2009 年）、《俄罗斯联邦 2035 年前能源战略》（2014 年）、《俄罗斯联邦 2035 年前能源战略（修订版）》（2020 年）（后文统称为"《能源战略》"）。此外，还有《俄罗斯到 2050 年前实现温室气体低排放的经济社会发展战略》等。这些

---

① bp 中国：《bp 世界能源统计年鉴（2021 年版）》，https://www.bp.com.cn/content/dam/bp/country－sites/zh _ cn/china/home/reports/statistical－review－of－world－energy/2021/BP _ Stats _ 2021.pdf.

② 包括原油、页岩油/致密油、油砂、伴生气凝析油或需进一步精炼的凝析油。不包括其他来源的液体燃料，例如生物质、煤和天然气的合成衍生物。

③ bp 中国：《bp 世界能源统计年鉴（2021 年版）》，https://www.bp.com.cn/content/dam/bp/country－sites/zh _ cn/china/home/reports/statistical－review－of－world－energy/2021/BP _ Stats _ 2021.pdf.

④ 包括从天然气生产中分离出的乙烷、液化石油气和石脑油。不包括凝析油。

⑤ bp 中国：《bp 世界能源统计年鉴（2021 年版）》，https://www.bp.com.cn/content/dam/bp/country－sites/zh _ cn/china/home/reports/statistical－review－of－world－energy/2021/BP _ Stats _ 2021.pdf.

战略规划了俄罗斯本国能源发展的目标、任务、方向和主要措施，不仅对本国能源发展有指导性作用，对其能源合作伙伴也有重要影响。2003 年俄罗斯出台第一部《能源战略》，此时俄罗斯刚刚肃清了国内七大经济寡头，重新整顿了政治经济秩序，此后 2009 年、2014 年和 2020 年出台《能源战略》时，俄罗斯相继经历了金融危机、乌克兰危机、西方经济制裁和新型冠状病毒感染疫情等不同程度的经济与政治危机，在国内外政治经济和能源局势不断变化的大背景下，实现国家能源安全和经济社会平稳发展是俄罗斯能源战略制定的主要落脚点。[①]

二、俄罗斯能源战略的调整与转变

分析《俄罗斯联邦 2035 年前能源战略（修订版）》的主要内容，可以发现俄罗斯的能源战略在不断调整转变。

一方面，由于煤炭、石油、天然气等矿物资源出口对俄罗斯的经济发展贡献度较高，使得国际市场上能源价格的波动和能源供需状况的变化会直接影响俄罗斯的经济状况，加之地缘政治的影响，出于国家能源安全和经济发展的考量，以及进一步平衡地缘政治对经济发展的负面影响，俄罗斯能源战略的发展重点逐步从欧洲市场转向亚太市场。这一转变可以从俄罗斯的能源战略中发现。俄罗斯在 2009 年的《能源战略》中指出，欧洲市场是俄罗斯石油产品出口的优先方向，在 2014 年的《能源战略》中则删除了相关表述，并大幅增加了有关亚太地区的内容；2020 年，俄罗斯的《能源战略》进一步增加了关于亚太地区或国家的内容。可见欧洲市场不再是俄罗斯石油产品出口的优先方向，亚太地区或国家的能源市场更受其关注。

另一方面，俄罗斯在重视传统能源市场建设的同时，对可再生能源尤其是电力能源的开发日益重视。早在 2009 年俄罗斯能源部就出台了《俄罗斯联邦可再生能源发电支持机制》，提出了 2014 至 2024 年间俄罗斯各类可再生能源发电新增装机容量目标，其中，俄罗斯风电、太阳能光伏发电以及 25 兆瓦以下小型水电新增装机容量累计要分别达到 3600 兆瓦、1520 兆瓦和 751 兆瓦，上述三类可再生能源发电在此 10 年间新增装机容量总和累计应达到 5871 兆瓦。[②] 据俄罗斯能源部统计，截至 2019 年 1 月 1 日，俄罗斯发电装机总容量为

---

① 孙淼：《批评话语分析视角下俄罗斯能源战略嬗变及其对中俄能源合作的启示》，《中国石油大学学报（社会科学版）》，2022 年第 1 期，第 42 页。

② 徐洪峰、王晶：《俄罗斯可再生能源发展现状及中俄可再生能源合作》，《欧亚经济》，2018 年第 10 期，第 85 页。

243243.2 兆瓦，其中，热电站和核电站装机容量分别为 164586.6 兆瓦和 29132.2 兆瓦，分别占装机总容量的 67.7％和 12％；可再生能源发电装机总量为 49524.4 兆瓦，占装机总容量的 20.4％，其中水电、太阳能光伏发电、风力发电的装机容量分别为 48506.3 兆瓦、834.2 兆瓦和 183.9 兆瓦，分别占发电装机总容量的 19.9％、0.3％和 0.08％。从发电装机比重看，俄罗斯可再生能源发展结构依赖水电，其他可再生能源发展相对滞后，水电发电装机容量占俄罗斯可再生能源发电装机总容量的 97.9％，而太阳能发电和风力发电的发电装机容量占比仅为 1.7％和 0.4％。[1] 鉴于电力清洁、高效、便捷的优势，电力安全逐渐成为能源安全的核心，电力的话语分量持续增加且不断具体化。同时，国内外市场电力需求的增长旺盛进一步助推了俄罗斯电力产业的发展。根据俄罗斯电力能源公司 InterRAO 官网数据，2019 年俄罗斯进口电量为 16.03 亿千瓦时，而出口电量为 193.38 亿千瓦时[2]，出口电量高于进口电量 12 倍之多，庞大的电力出口市场也进一步引导俄罗斯大力发展本国电力产业。

三、俄罗斯能源产业发展概况

（一）石油

根据《bp 世界能源统计年鉴（2018 年版）》数据，截至 2017 年底，俄罗斯石油探明储量 145 亿吨，占世界总量的 6.3％，居全球第六位。根据当年俄罗斯能源发展规划，未来 6 年俄罗斯的原油产量将保持稳定，控制在 5.5～5.6 亿吨区间。俄罗斯计划提高运输能力，建设石油管道 293 千米；逐步将原油出口关税下调至零，同步提高矿产资源开采税，多措并举推动石油炼化能力提升，力争在 2024 年炼化深度达到 87.1％。[3]

对比《bp 世界能源统计年鉴（2021 年版）》数据，截至 2020 年底，俄罗斯石油探明储量为 1078 亿桶，约合 148 亿吨，占全世界石油总探明储量的 6.2％，石油探明储量依次排在美国（占全世界石油总探明储量的 17.5％）、沙特阿拉伯（占全世界石油总探明储量的 17.2％）、加拿大（占全世界石油总

①　驻俄罗斯联邦经商参处：《俄罗斯可再生能源发展概况》，http://ru. mofcom. gov. cn/article/ddgk/201910/20191002904893. shtml.

②　孙森：《批评话语分析视角下俄罗斯能源战略嬗变及其对中俄能源合作的启示》，《中国石油大学学报（社会科学版）》，2022 年第 1 期，第 42 页。

③　bp 中国：《bp 世界能源统计年鉴（2018 年版）》，https://www. bp. com. cn/content/dam/bp/country－sites/zh＿cn/china/home/reports/statistical－review－of－world－energy/2018/2018srpressrelease. pdf。

探明储量的 9.7%)、伊朗（占全世界石油总探明储量的 9.1%)、伊拉克（占全世界石油总探明储量的 8.4%)之后，排名第六。

2020 年，俄罗斯石油产量为 10667 千桶/天，约为 524.4 百万吨，比上一年下降了 8.7%，当年的储产比为 27.6；石油消费量为 3238 千桶/天，比上年下降了 4.6%。

2020 年，俄罗斯炼厂加工量为 5498 千桶/天，在全球占比为 7.3%，排名低于美国（炼厂加工量为 14212 千桶/天）和中国（炼厂加工量为 13857 千桶/天），位于第三；炼厂产能为 6736 千桶/天，在全球占比为 6.6%，排名低于美国（炼厂产能 18143 千桶/天）和中国（炼厂产能 16691 千桶/天），位于第三。[①]

总体而言，近几年俄罗斯石油储量和产量变化不大，主要指标在国际排名也保持稳定。虽然俄罗斯是主要产油国，但考虑到俄罗斯在石油领域的规划和措施，预测未来俄罗斯不会大力推动原油出口，而是会着力提升国内石油炼化水平，促进高附加值产品出口。

（二）天然气

根据《bp 世界能源统计年鉴（2018 年版）》数据，截至 2017 年底，俄罗斯天然气探明储量 35 万亿立方米，占全球储量的 18.1%，位居榜首。2018 年俄罗斯天然气产量为 7254 亿立方米，同比增长 4.9%。为提高天然气大国地位，俄罗斯计划未来六年进一步提升天然气开采量，计划于 2024 年产量达到 7566 亿立方米；拟新建天然气管道 6381 千米；完成天然气开采、加工领域大规模技术升级，应用环保节能新技术；扩大液化天然气产能和销售市场，努力将全球份额提升至 20%。2018 年俄罗斯出口管道天然气 2200 亿立方米，约占开采量的 30%，其余主要用于满足国内需求，出口液化天然气 3600 万立方米。[②]

再对比《bp 世界能源统计年鉴（2021 年版）》数据，截至 2020 年底，俄罗斯天然气探明储量为 37.4 万亿立方米，排名第一，占全球总量的比例高达

---

① bp 中国：《bp 世界能源统计年鉴（2021 年版）》，https://www.bp.com.cn/content/dam/bp/country－sites/zh＿cn/china/home/reports/statistical－review－of－world－energy/2021/BP＿Stats＿2021.pdf.

② bp 中国：《bp 世界能源统计年鉴（2018 年版）》，https://www.bp.com.cn/content/dam/bp/country－sites/zh＿cn/china/home/reports/statistical－review－of－world－energy/2018/2018srpressrelease.pdf.

19.9%，储采比为 58.6。截至 2020 年底，俄罗斯天然气产量 6385 亿立方米，占全球总产量的 16.6%，仅次于美国（9146 亿立方米），排名第二。[①]

考虑到国际天然气市场的竞争日益激烈，俄罗斯将在未来鼓励天然气出口，着眼推动液化天然气产业发展、扩大出口规模，提升其在天然气市场的话语权。

（三）煤炭

根据《bp 世界能源统计年鉴（2018 年版）》，截至 2017 年底，俄罗斯煤炭探明储量 1603.6 亿吨，占全球储量的 15.5%，位居第二，仅次于美国。2018 年煤炭实际开采 4.4 亿吨，同比增长 6.8%，继续保持自 2011 年以来的缓慢增长态势。2018 年俄罗斯境内拥有在开采煤矿 57 个，年开采能力达到 4.7 亿吨，库兹巴斯煤田贡献了近 60% 的产量。2018 年俄罗斯煤炭消费量 1.8 亿吨，出口 2.1 亿吨，占世界煤炭出口总量的 14%，排名第三位，仅次于澳大利亚和印度尼西亚。煤炭领域是俄罗斯未来六年的重点发展方向，俄罗斯计划逐年提高开采量，力争 2024 年达到 4.84 亿吨，特别是提高东西伯利亚和远东地区的开采量，使两地 2024 年的开采量要比 2017 年提高 29%。俄罗斯计划逐年降低开采污染物排放，使其从 2018 年的 2.9 千克/吨降至 2024 年的 2.5 千克/吨。[②]

对比《bp 世界能源统计年鉴（2021 年版）》数据，截至 2020 年底，俄罗斯煤炭全部探明储量为 162166 百万吨，其中无烟煤和烟煤总量为 71719 百万吨，次烟煤和褐煤总量为 90447 百万吨，占全球总量比例为 15.1%，仅低于美国（248941 百万吨）排名第二，储产比为 407。近年来，俄罗斯煤炭产量逐年增长。2010 年，其煤炭产量为 6.32 艾焦。2015 年，为 7.80 艾焦。2020 年，为 8.37 艾焦，总产量在全球占比为 5.2%，排名依次低于中国、印度尼西亚、印度、澳大利亚、美国，位于第六。[③]

对比近年来俄罗斯煤炭产量数据，可以发现，其煤炭产业的发展相对其庞

---

①　bp 中国：《bp 世界能源统计年鉴（2021 年版）》，https://www.bp.com.cn/content/dam/bp/country－sites/zh＿cn/china/home/reports/statistical－review－of－world－energy/2021/BP＿Stats＿2021.pdf。

②　驻俄罗斯联邦经商参处：《俄能源市场概况》，http://ru.mofcom.gov.cn/article/ddgk/201910/20191002904891.shtml。

③　bp 中国：《bp 世界能源统计年鉴（2021 年版）》，https://www.bp.com.cn/content/dam/bp/country－sites/zh＿cn/china/home/reports/statistical－review－of－world－energy/2021/BP＿Stats＿2021.pdf。

大的储量而言并不匹配，由此，俄罗斯政府致力于提高煤炭产量，推动煤炭出口导向型发展，近年来俄罗斯对亚太地区和欧洲煤炭出口呈增长态势。

（四）可再生能源

一是水电。俄罗斯蕴藏着巨大的水电资源，但是相当的水电资源位于西伯利亚和远东地区，这一区域人口密度低、电力需求低、基础设施配套差，水电开发的经济社会效益低下，所以俄罗斯的水电开发量仅占总量的 25% 左右。水电作为俄罗斯最主要的可再生能源发电来源，水电装机容量占俄罗斯发电装机总量的近 20%。2020 年，俄罗斯水电消费量为 1.89 艾焦，在全球占比为 4.9%。

二是太阳能光伏发电。俄罗斯幅员辽阔，其西南部和南部地区拥有丰富的光照资源，但是俄罗斯光伏发电起步晚，总量低。随着新能源产业的逐步发展，可以预见未来俄罗斯的光伏发电将维持高速发展态势。根据《bp 世界能源统计年鉴（2021 年版）》数据，2019 年，俄罗斯太阳能发电量为 1.0 太瓦时。2020 年，其太阳能发电量为 1.9 太瓦时。

三是风电。俄罗斯具有强大的风力发电潜力，在俄罗斯政府的推动下，风力发电可成为很好的能源代用品，尤其是在偏远地区，风力发电可解决当地的电力供应紧缺问题。俄罗斯风电发展规模较小，但增速超过了水电，2018 年底俄罗斯风电装机容量为 2014 年的 18 倍。据俄罗斯风电协会数据，仅 2018 年俄罗斯就装机 140 兆瓦，如果拟实施的项目落地实施，那么到 2024 年，俄罗斯风电装机总容量将再增加 3254.5 兆瓦，相当于 2018 年底的 18 倍。[1] 根据《bp 世界能源统计年鉴（2021 年版）》数据，2019 年俄罗斯风能发电量为 0.3 太瓦时，2020 年风能发电量为 1.1 太瓦时。

第三节 中俄能源合作

一、中俄开展能源合作的基础

一是由于地缘政治不稳定和国际油气市场的波动，中俄两国分别面临着通

---

① 驻俄罗斯联邦经商参处：《俄罗斯可再生能源发展概况》，http://ru.mofcom.gov.cn/article/ddgk/201910/20191002904893.shtml。

过油气进出口多元化保障本国油气安全的任务，中俄双方能源禀赋与市场需求具有极强的互补性与互利性，这一基本特性为中俄开展能源合作提供了有利的前提条件，并对进一步充实中俄关系内涵发挥了关键作用。自 2013 年 "一带一路" 倡议提出以来，中俄两国合作共赢的脚步越来越快，跨境能源通道建设、能源基础设施互联互通，能源合作模式不断创新。中俄两国能源合作与能源发展呈现出新趋势、新需求，能源合作机制亦不断补充、完善。2020 年俄罗斯《能源战略》中有关 "中国" 的表述有所提升，亦从侧面证明在区域发展与合作方面俄罗斯对中国市场的重视。

二是中国经济发展强劲，能源市场需求旺盛，中俄两国能源贸易互补性较强。2020 年，全球石油产量出现 2009 年以来的首次下降，下降幅度高达 660 万桶/天，原因是石油输出国组织成员（减少 430 万桶/天）和非石油输出国组织成员（减少 230 万桶/天）产量均有所下降。从各国产量来看，俄罗斯减少了 100 万桶/天，利比亚减少了 92 万桶/天，沙特阿拉伯减少了 79 万桶/天。仅有少数几个国家产量有所增加，主要是挪威和巴西。国际石油消费量出现了 2009 年以来的首次下降，中国是 2020 年石油消费需求有所增长的少数几个国家之一。[①] 可见中国经济稳定发展，能源市场需求强劲，中俄两国开展长期能源国际合作可实现双赢。

三是中俄两国互为邻国，油气合作更有地理优势。首先，邻近的地理位置便于两国进行油气管道运输，可以不通过过境国实现直接的油气输送，这提高了油气管道输送的安全性。其次，两国开展跨境铁路运输更便利快捷。不论是通过直接跨境铁路输送到我国东北城市哈尔滨，还是通过铁路过境蒙古输送到我国中部地区，铁路运输作为一个较为安全的替代选择可以进一步保障能源运输安全。

四是中俄两国在向清洁能源转型、推动绿色发展、参与全球气候治理方面存在基本共识。在国际社会共同参与解决气候问题的情况下，俄罗斯正在努力成为全球新能源市场的重要参与者，并为清洁能源转型创造条件，在关注 "绿色" 发展的同时，力求兼顾其经济发展的 "可持续性"。我国将生态文明理念和生态文明建设纳入中国特色社会主义总体布局，坚持走生态优先、绿色低碳的发展道路。这一基本共识有助于推动中俄清洁能源合作发展。

---

① bp 中国：《bp 世界能源统计年鉴（2021 年版）》，https://www.bp.com.cn/content/dam/bp/country - sites/zh _ cn/china/home/reports/statistical - review - of - world - energy/2021/BP _ Stats _ 2021.pdf。

二、中俄能源合作的主要项目

（一）石油领域

近年来，中俄两国石油领域的主要贸易及合作项目如下：

2006 年 2 月，中国石油化工集团与俄罗斯石油公司签订石油长期供货合同，总价格约为 35 亿美元。2006 年 3 月，中国石油天然气集团与俄罗斯石油公司签订了《关于中国、俄罗斯成立合资企业，深化石油合作的基本原则协议》。

2007 年，中俄东方石化（天津）有限公司在天津注册成立，该公司由中国石油天然气集团与俄罗斯石油公司合资建设，投资金额 50 亿美元。

2009 年 4 月，中俄原油管道俄罗斯境内段开工建设；5 月中俄原油管道中国境内段开工。2011 年 1 月 1 日中俄原油管道正式投产进油。

2010 年，中俄两国第一次用以贷款换能源的模式签署了总量为 3 亿吨原油的合同。

2012 年，中俄石油管道合同成功签订。东西伯利亚—太平洋石油管道作为中国与俄罗斯的第一条石油管道开始正式运行工作。

2016 年，全长 941.8 千米、管径 813 毫米的中俄原油管道二线工程（漠河—大庆）启动建设。

2016 年，中俄双方共同宣布签署原油供给战略合作协议。该协议涵盖原油进口供应合作、中国石油天然气集团销售合资合作项目，以及相关的其他国际合作项目等，协定的原油进口供应合作价值高达 300 亿元。

2018 年，俄罗斯原油开始从漠河向大庆林源输送，标志着俄罗斯原油进口的第二通道正式投入商业运营。[①]

（二）天然气领域

中国和俄罗斯都是世界天然气储藏大国，亦是天然气消费大国。中俄在天然气领域开展了诸多能源合作。

亚马尔液化天然气项目。亚马尔液化天然气项目是中俄在天然气领域贸易合作的重要项目。该项目由俄罗斯诺瓦泰克公司、中国石油天然气集团有限公司、法国道达尔公司和中国丝路基金共同实施。俄罗斯诺瓦泰克公司控股

---

① 任杰：《中国与俄罗斯能源合作法律机制研究》，华中科技大学，2020 年。

50.1％，中国石油参股 20％，法国道达尔参股 20％，丝路基金参股 9.9％。[①]作为中俄共建"冰上丝绸之路"的首个重大能源项目，亚马尔液化天然气项目将给两国带来丰厚的红利。这个大型上游投资开发项目集天然气和凝析油开采、天然气处理、液化天然气制造和销售、海运为一体，设计年产天然气 270亿立方米，建成 3 条 550 万吨/年生产线，配套年产凝析油 120 万吨，这个项目建成后每年可以为中国提供 300 万吨的液化气，并为中国的清洁能源供应提供基础。对俄罗斯来说，随着项目的投产，俄罗斯全国液化天然气的产量预计将增加 2.5 倍。需要进口资源的中国市场与需要寻找市场的俄罗斯资源形成了天然的互补。[②] 2017 年 12 月，该项目一期投产，一期年生产能力为 550 万吨，二期生产能力为 300 万吨，整个项目三期年总产能将达到 1650 万吨。2018 年7 月，亚马尔液化天然气项目向中国供应首船液化天然气，亚马尔项目顺利完成。[③]

中俄东线天然气管道。2014 年 5 月 21 日，中俄签署《中俄东线管道天然气合作项目备忘录》，中国石油集团公司和俄罗斯天然气工业股份公司签署《中俄东线管道供气购销合同》。2014 年 9 月，中俄东线天然气管道俄罗斯境内段破土动工。2015 年 6 月，中俄东线天然气管道中国境内段启动建设。中俄东线天然气管道项目在中国黑河接入，途经黑龙江、吉林、内蒙古自治区、辽宁、河北、天津、山东、江苏等省（市、区），拟新建管道 3000 多千米，终点在上海。[④]

（三）核能领域

田湾核电站。该电站是中俄核能合作的典范项目，位于江苏省连云港市连云区田湾，是中俄两国在加深政治互信、发展经济贸易、加强两国战略协作伙伴关系方针推动下，在核电领域开展的高科技合作项目。田湾核电站一期工程1、2 号机组采用俄罗斯 VVER-1000 改进型核电机组，单机容量 106 万千瓦，

[①] 《亚马尔液化天然气项目："冰上丝绸之路"的重要支点》，https://www.yidaiyilu.gov.cn/p/186768.html。

[②] 任杰：《中国与俄罗斯能源合作法律机制研究》，华中科技大学，2020 年。

[③] 《亚马尔液化天然气项目："冰上丝绸之路"的重要支点》，https://www.yidaiyilu.gov.cn/p/186768.html。

[④] 《中俄签署东线管道供气购销合同 年供气 380 亿立方米》，http://energy.people.com.cn/n/2014/0523/c71890-25056648.html。

采用了一系列重要先进设计和安全措施,满足国际上第三代核电站的安全要求。①

田湾核电站二期工程 3、4 号机组是中俄两国继续深化核能领域合作的又一重大项目,也是福岛核事故后中国首个获批启动建设的核电项目。依托该项目,中俄双方进一步在核电建设、调试、运行、管理的多个环节开展了交流合作,促进了科技创新和管理水平的提升,更在人才培养与合作开发方面实现突破,最终实现了互利共赢、优势互补。包括核能合作在内的能源领域合作,已成为"一带一路"倡议与欧亚经济联盟对接的重要内容。

（四）电力领域

中俄在电力领域的合作势头良好。

2005 年,中俄两国电力公司共同签署协议,对输电方式、规模以及价格制定等问题达成共识。

2006 年,中俄签署《中国国家电网公司与俄罗斯统一电力系统股份公司关于全面开展从俄罗斯向中国供电项目的可行性研究的协议》,开启了中俄在电力领域合作的崭新阶段。

2012 年,500 千伏的中俄直流联网输电项目开始运行。②

（五）煤炭领域

俄罗斯是中国第三大动力煤进口国家。近年来,中俄双方在煤炭领域积极合作。从 2010 年起,中国提供了 60 亿美元贷款开发俄罗斯萨哈林煤田和埃列格斯特煤田。2014 年,中国神华集团与俄罗斯技术集团签署备忘录,共同建设开发了远东阿穆尔州煤田。此后,中国神华集体与俄罗斯大型煤企米切尔公司就埃利吉煤矿区的开发利用达成了共识。2015 年 10 月,中俄煤炭工作组第四次会议在北京召开,会议期间双方签署了《中俄煤炭领域合作路线图》,规定中国的大公司可以参与俄罗斯境内项目。

三、中俄能源合作展望

得益于中国和俄罗斯在传统能源领域数十年的合作经验,双方进一步实现

① 朱学蕊、汪志宇:《田湾核电累计发电超 1600 亿度》,《中国能源报》,2017 年 8 月 21 日第 11 版。

② 刘焱:《21 世纪以来中俄能源合作问题研究》,河北师范大学,2017 年。

能源多元化、实现优势互补和绿色发展将大有可为。

一是可进一步拓展天然气领域的合作。2020 年 9 月中国明确提出 2030 年"碳达峰"与 2060 年"碳中和"目标。在"双碳"目标下，天然气作为低碳清洁化石能源，将是中俄清洁能源合作的重点方向。作为中国能源体系"碳减排"的重要抓手以及在实现城镇化、完善管网设施及环保政策要求的导向下，中国的天然气消费市场逐年增长。未来，中俄将以互利共赢为基础，有望在低碳技术创新、天然气定价、LNG 等方面继续开展精诚合作。

二是核能合作。核电清洁、高效、低碳的特点有助于优化能源消费结构，改善生态环境。中国正处在从高速增长向高质量发展转型的攻坚期，有序稳妥推进核电建设是我国全面进入清洁、低碳能源时代的理性选择。俄罗斯在核能应用方面颇有所长且中俄双方在核燃料、核材料、核控制技术、核能安全利用等方面的合作成效显著。未来，中俄可进一步开展核能合作，携手拓展其他潜在的第三方市场，为进一步构建全球能源治理体系贡献力量。

三是加强可再生能源电网合作。要实现水力、风能、太阳能、潮汐能等可再生能源的电力输送，电网合作是必要条件之一。电网互联互通是我国"一带一路"倡议中能源基础设施建设的重要内容。俄罗斯位于欧亚大陆中心地带，对构建欧亚大陆能源互联网有着天然的区位优势和资源优势。中俄双方的跨国电网互联互通成效显著，自 1992 年中俄电力合作开展以来，我国累计从俄罗斯购电超过 330 亿千瓦时。未来，中俄还可在可再生能源电网方面进一步密切合作，推动相关各国消除壁垒、深化交融，开创绿色、协调、开放、共享的区域合作新模式，共同践行可持续发展与合作共赢的能源治理新理念。[1]

---

[1] 陈小沁：《俄罗斯水力资源在发展欧亚区域电力市场中的作用》，《欧亚经济》，2018 年第 6 期，第 58 页。

第四章 中西亚国家能源资源禀赋及能源合作

第一节 中亚国家概况

中亚地区有五个国家，分别是哈萨克斯坦、土库曼斯坦、乌兹别克斯坦、吉尔吉斯斯坦和塔吉克斯坦。中亚五国所在的里海地区能源潜力巨大。

一、哈萨克斯坦

哈萨克斯坦共和国，亦称哈萨克斯坦。该国位于亚洲中部，北邻俄罗斯，南与乌兹别克斯坦、土库曼斯坦、吉尔吉斯斯坦接壤，西濒里海，东接中国；多数居民信奉伊斯兰教（逊尼派），此外还有东正教、天主教和佛教等宗教。1991 年 12 月 16 日，哈萨克斯坦共和国宣布独立。哈萨克斯坦国土面积为272.49 万平方千米；截至 2022 年 1 月，拥有人口 1912.5 万；约有 140 个民族，其中哈萨克族占 68%，俄罗斯族占 20%；全国设 17 个州、3 个直辖市（努尔苏丹、阿拉木图、奇姆肯特）。[1]

哈萨克斯坦经济以石油、采矿、煤炭和农牧业为主。2020 年其国内生产总值 1698.37 亿美元，同比下降 2.6%；工业产值 459.3 亿美元，同比下降0.7%；农业产值 151.91 亿美元，同比增长 5.6%。2021 年，其国内生产总值1907 亿美元，同比增长 4%。2022 年，其国内生产总值同比增长 3.1%。哈萨克斯坦的石油资源和矿产资源丰富，已经探明的石油储量近 140 亿吨（陆上和里海地区），已经探明的矿藏有 90 多种。[2]

---

① 《你好 哈萨克斯坦》，http://news. china. com. cn/2022−09/14/content _ 78419896. htm。
② 《哈萨克斯坦国家概况》，https://www. mfa. gov. cn/web/gjhdq _ 676201/gj _ 676203/yz _ 676205/1206 _ 676500/1206x0 _ 676502/。

二、土库曼斯坦

土库曼斯坦位于中亚西南部，为内陆国家。国土面积为 49.12 万平方千米。约 80％的国土被卡拉库姆大沙漠覆盖。1 月平均气温为 4.4℃，7 月平均气温为 39℃。截至 2020 年 6 月，该国拥有人口 572 万。

土库曼斯坦是仅次于哈萨克斯坦的第二大中亚国家，石油、天然气资源丰富，石油远景储量为 120 亿吨，天然气远景储量为 50 万亿立方米，天然气储量居世界第四位。石油、天然气工业为其支柱产业。农业方面主要种植棉花和小麦。2020 年，该国国内生产总值同比增长 5.9％；2021 年，国内生产总值同比增长 6.2％；2022 年国内生产总值同比增长 6.2％。[①]

三、乌兹别克斯坦

乌兹别克斯坦共和国，亦称乌兹别克斯坦，国土面积为 44.89 万平方千米，是位于中亚腹地的"双内陆国"，自身无出海口，且五个邻国也均是内陆国。乌兹别克斯坦属严重干旱的大陆性气候，7 月平均气温 25～32℃，1 月平均气温−6～3℃；拥有人口 3602 万（截至 2023 年 1 月）；全国共有 130 多个民族，乌孜别克族占 83.8％，俄罗斯族占 2.3％，塔吉克族占 4.8％，哈萨克族占 2.5％，此外还有土库曼、乌克兰、维吾尔、亚美尼亚、土耳其、白俄罗斯族等。其国民经济支柱产业是"四金"：黄金、"白金"（棉花）、"乌金"（石油）、"蓝金"（天然气）。根据乌兹别克斯坦国家统计委员会统计数据，2020 年乌兹别克斯坦国内生产总值约合 576.99 亿美元，同比增长 1.6％，人均国内生产总值约合 1685.5 美元，通胀率 11.1％。

乌兹别克斯坦拥有丰富的资源，石油探明储量为 5.84 亿吨，天然气探明储量为 3.4 万亿立方米，煤储量为 18.3 亿吨，铀储量为 18.58 万吨（世界第七，占世界铀储量的 4％）。[②]

四、吉尔吉斯斯坦

吉尔吉斯共和国，亦称吉尔吉斯斯坦，位于中亚东北部，边界线全长约 4503 千米，北和东北接哈萨克斯坦，南邻塔吉克斯坦，西南毗连乌兹别克斯

---

① 《土库曼斯坦国家概况》，https://www.mfa.gov.cn/web/gjhdq_676201/gj_676203/yz_676205/1206_676980/1206x0_676982/。

② 《乌兹别克斯坦国家概况》，https://www.mfa.gov.cn/web/gjhdq_676201/gj_676203/yz_676205/1206_677052/1206x0_677054/。

坦，东南和东面与中国接壤。该国境内多山，平均海拔 2750 米，90％的领土在海拔 1500 米以上，属大陆性气候，1 月平均气温－6℃，7 月平均气温 27℃；国土面积为 19.99 万平方千米。截至 2022 年 12 月，吉尔吉斯斯坦人口约达 700 万；境内有 80 多个民族，其中吉尔吉斯族占 73.3％，乌孜别克族占 14.7％，俄罗斯族占 5.6％，东干族占 1.1％，维吾尔族占 0.9％，塔吉克族占 0.9％，土耳其族占 0.7％，哈萨克族占 0.6％，其他为鞑靼、阿塞拜疆、朝鲜、乌克兰等民族。2021 年，吉尔吉斯斯坦国内生产总值约合 79.5 亿美元，同比增长 3.6％，通货膨胀率 11.2％。[①]

五、塔吉克斯坦

塔吉克斯坦共和国，亦称塔吉克斯坦，位于中亚东南部，与中国接壤，东西长 700 千米，南北宽 350 千米，境内多山，约占国土面积的 93％，有"高山国"之称；国土面积为 14.31 万平方千米；截至 2022 年 9 月，拥有人口 1000 万。

2022 年，塔吉克斯坦国内生产总值为 115.7 亿美元，同比增长 8％；对外贸易额超 73 亿美元，同比增长 15％，主要贸易伙伴有俄罗斯、哈萨克斯坦、中国。[②]

塔吉克斯坦被称为中亚的"水塔"及水电基地，全国水电占能源资源的九成以上。塔吉克斯坦的能源主要是煤炭，此外，其水利资源极为丰富，其中有经济利用价值的达 1250 亿千瓦时，人均水资源量居全球第一。塔吉克斯坦电力系统总装机 507 万千瓦左右。人均电力资源蕴藏量居世界前列，除供应本国外，还可供应周边的中亚国家；铀储量居独联体首位。

第二节　中国和中亚国家的能源合作

中亚地区的石油能源在世界石油供应战略格局中占有重要地位。一方面，该地区石油资源富集。哈萨克斯坦是中亚地区第一石油生产大国，土库曼斯坦被称为"站在大气包上的国家"。乌兹别克斯坦是世界 15 个天然气生产大国之

---

① 《吉尔吉斯斯坦国家概况》，https://www.mfa.gov.cn/web/gjhdq_676201/gj_676203/yz_676205/1206_676548/1206x0_676550/。

② 《塔吉克斯坦国家概况》，https://www.mfa.gov.cn/web/gjhdq_676201/gj_676203/yz_676205/1206_676908/1206x0_676910/。

一。另一方面，该地区地理位置十分重要。中亚国家地处欧亚大陆腹地，是大国势力东进西出、南下北上的必经之地，也是中国—中亚—西亚经济走廊和新亚欧大陆桥的重要通道。多年来，中国与中亚国家精诚合作、协同发展，国际能源合作成果丰硕，取得了务实合作的新突破。

一、中国和中亚国家在油气领域合作紧密

中亚国家是世界重要的油气资源生产国，也是重要的油气资源出口国，其原油产量超过70％用于出口。近年来，中国与中亚国家共同实施了中国—中亚天然气管道、中哈原油管道等一系列战略项目，能源合作的战略契合点已从油气贸易转向全产业链，并在"一带一路"共建的背景下推动产能合作，进而形成辐射相关产业的全方位、立体式合作。

1997年，中国收购了哈萨克斯坦阿克纠宾油气田，以此为起点，开始了我国与中亚国家的能源资源合作。从2000年开始，中亚国家逐渐成为我国油气资源的重要来源国。"十二五"末，我国从中亚国家进口石油总量已经占到全部石油进口总量的1.85％，而天然气进口总量则占到48％。截至2022年底，中亚天然气管道累计输气量已达3800亿立方米，使中国5亿多人口用上清洁能源。[①] 中国是乌兹别克斯坦、吉尔吉斯斯坦和土库曼斯坦的第一大贸易伙伴国，哈萨克斯坦的第二大贸易伙伴国和塔吉克斯坦的第三大贸易伙伴国。随着中国对中亚五国投资的快速增长，中国已成为吉尔吉斯斯坦和塔吉克斯坦的第一大投资来源国、乌兹别克斯坦的第二大投资来源国、哈萨克斯坦的第四大投资来源国。在这些合作中，能源合作自始至终发挥着"压舱石"和推进器的作用，各方共同建成了一条繁荣的"能源丝绸之路"。

多年来，中国与中亚国家之间遵循互利共赢原则，携手推进建设集油气勘探开发、管道运输、原油加工、工程技术服务及油品销售等上中下游业务于一体的能源合作链，帮助中亚国家建立起完整的油气工业体系，特别是西北油气通道，成为连接中国与中亚国家的能源大动脉。来自中亚的天然气对我国优化能源结构、保障民生用气、促进生态建设等发挥了重要作用。这种合作也有效激发了中亚国家的产能潜力，促进了我国与中亚国家的共同繁荣。在全球应对气候变化、加快能源清洁低碳转型的大背景下，我国与中亚国家加强了在水电、风能、光伏等可再生能源领域的合作，扩大能源全产业链合作，促进能源

---

① 《节前保供：中亚天然气日输气1.2亿立方米》，https://news.chemnet.com/detail-4220525.html。

低碳转型，共同促进"一带一路"绿色、低碳、可持续发展。[①]

中亚国家的油气资源进口有效地优化了中国海外能源供给结构。同时，中国与中亚国家的油气资源贸易合作也极大地促进了中亚国家的油气资源生产，并带动了中亚国家经济快速发展。

二、中国和中亚国家在煤炭、核电及新能源开发领域的合作

在煤炭资源方面，哈萨克斯坦煤炭资源丰富，中方向埃基巴斯图兹煤矿提供煤化工设备和技术，推动双方在煤制气、煤制油等煤化工领域的深入合作。2012 年，哈萨克斯坦政府通过了《节约能源与提高能源利用效率法》，大力推动资源利用与环保节能，我国众多节能设备和节能产品生产企业进入哈萨克斯坦市场。其中，中哈核燃料组件厂成为中哈在绿色能源领域合作的标志性项目，该项目由中国广核集团与哈萨克斯坦原子能公司合资建设，2019 年底建成投产，共同开发位于哈萨克斯坦南部的伊尔科利铀矿和北部的谢米兹拜伊铀矿。[②]

2016 年，中国电建集团所属水电工程顾问集团与哈萨克斯坦巴丹莎公司签署了中亚最大新能源项目——巴丹莎风电一期合同，中哈两国企业在风能、光伏等绿色能源领域的合作也因此呈现出光明的市场前景。我国企业积极参与塔吉克斯坦能源建设，参与了格拉芙纳亚水电站的技改项目、在杜尚别新建了两座热电厂等。

三、中国和中亚国家能源合作大事记

1997 年，中国石油天然气集团收购了哈萨克斯坦阿克纠宾油气田。

2002 年 6 月，中国与吉尔吉斯斯坦签订《中吉能源领域合作协定》。

2002 年 8 月，中国石油化工集团获得了吉尔吉斯斯坦马利苏四－伊兹巴斯肯特油田 126 平方千米勘探开发许可证，获得了阿拉伊盆地 6000 平方千米的勘探许可证。

2004 年 6 月，中国与哈萨克斯坦两国领导人签署了两国公司在石油天然气领域开展互惠合作的协议，扩大双方在石油勘探开发和工程技术服务领域的合作。

---

① 吕建中：《能源合作是双边关系的"压舱石"》，http://news.cnpc.com.cn/system/2022/02/15/030058757.shtml。

② 黎越、廖伟径、李遥远：《多个能源项目顺利推进　中哈绿色能源合作前景广阔》，https://www.yidaiyilu.gov.cn/p/15446.html。

2004 年 7 月，中国和哈萨克斯坦开始合作修建中哈石油管道。这是我国第一条跨国原油管道，管道全长超过 2800 千米，自西向东连接里海油田与我国内陆，年设计输油能力 2000 万吨。

2004 年 12 月，中国石油化工集团投资购买了哈萨克斯坦里海田吉兹地区油田 50% 的股份。

2005 年 8 月，中国石油天然气集团投资收购哈萨克斯坦石油公司。同年 10 月，哈萨克斯坦国家石油公司与中国石油天然气集团所属的中油国际公司签署了《相互谅解备忘录》。这是中国在中亚能源领域的一次重大投资。

2006 年，中国与土库曼斯坦签署了天然气合作协议。根据协议，在 2008 年底前，两国建成对华天然气供应管道，从 2009 年起土库曼斯坦每年向我国输送 300 亿立方米的天然气，为期 30 年。

2006 年 6 月，中国石油天然气集团与乌兹别克斯坦国家油气公司签署油气勘探协议。

2006 年 8 月，中国石油天然气集团与乌兹别克斯坦政府正式签署咸海水域油气勘探开发项目产品分成协议。

2006 年 12 月，中国中信集团以 19.1 亿美元收购了加拿大国家石油公司在哈萨克斯坦卡拉赞巴斯油田的开采权，开采期限到 2020 年。

2007 年 8 月，中国与土库曼斯坦、哈萨克斯坦和乌兹别克斯坦开始合作修建中亚天然气管道，管道分 AB 双线敷设，单线长 1833 千米，长度在世界上位居前列。

2008 年，中国广核集团铀业发展有限公司和哈萨克斯坦国家原子能工业公司双方合资建设中哈核燃料组件厂，共同开发位于哈萨克斯坦南部的伊尔科利和北部的谢米兹拜伊铀矿，这一项目成为中哈能源领域合作的标志性项目。

2009 年，陕西煤化集团控股的中亚能源有限责任公司在吉尔吉斯斯坦投资成立了中大中国石油公司，项目投资 4.3 亿美元。它是迄今为止吉尔吉斯斯坦唯一最大规模的石油炼制项目和中资企业在吉尔吉斯斯坦投资的最大项目。

2009 年 12 月，土库曼斯坦阿姆河右岸天然气项目一期工程和中亚天然气管道 A 线正式建成投产。

2010 年 10 月，中亚天然气管道 B 线建成通气。

2012 年 12 月，中国石油天然气集团旗下的天然气勘探开发公司与加拿大克能石油公司、法国道达尔公司签署产品分成合同，共同开发克能石油在塔吉克斯坦位于阿姆达林盆地东部伯格达地区的油气项目，这也是我国在塔吉克斯坦获得的首个油气项目权益。

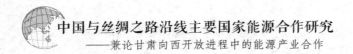
2013 年 10 月，中国石油天然气集团与乌兹别克斯坦国家石油公司联合成立乌兹别克斯坦新丝绸之路石油天然气有限责任公司。

2014 年 5 月，中亚天然气管道 C 线建成投产，年输气能力为 250 亿立方米。

2016 年，中国电力建设集团所属水电工程顾问集团与哈萨克斯坦巴丹莎公司签署了中亚最大的新能源项目——巴丹莎风电一期合同。

2017 年 4 月，中哈两国能源合作的重点项目——哈萨克斯坦南线天然气管道全线建设完工，形成了每年 60 亿立方米天然气的输气能力。

2018 年 9 月，由中国石油天然气集团与哈萨克斯坦国家石油天然气公司各出资 50%，合资建成了哈萨克斯坦炼厂中第一个具有国际先进水平、环保达标的现代化工厂——奇姆肯特炼油厂。

2018 年 10 月，中国石油天然气集团与哈萨克斯坦天然气运输公司签署为期五年的供气合同，进一步提高对华天然气出口量。

第三节　西亚部分国家概况

西亚是亚、欧、非三洲的结合部，因波斯湾区域和两河流域丰富的石油资源被人们冠以"世界石油宝库"的称号。西亚地区石油储量约占世界石油总储量的一半以上，产量占世界石油总产量的近三分之一，出口量占石油世界出口总量的一半左右。

一、沙特阿拉伯

沙特阿拉伯，位于阿拉伯半岛，国土面积为 225 万平方千米，拥有人口 3617 万（截至 2022 年 9 月）。

沙特阿拉伯油气资源丰富，原油探明储量 382 亿吨，占世界储量的 17.3%，居世界第二位；天然气探明储量 61.9 亿吨，占世界储量的 4.5%，居世界第六位。优异的天然资源禀赋使得沙特阿拉伯的经济快速发展，但同时，油气产业作为该国单一的支柱产业亦是国家发展进程中的双刃剑。沙特阿拉伯为降低对石油产业的高度依赖，多方谋划多元化发展战略，于 2016 年推出了"2020 国家转型规划"以及"2030 愿景"，寻求转型发展和进一步嵌入国际贸易。

近年来，沙特阿拉伯政府充分利用本国丰富的石油、天然气资源，积极引进国外的先进技术设备，大力发展钢铁、炼铝、水泥、海水淡化、电力工业、农业和服务业等非石油产业，依赖石油的单一经济结构有所改观。[①]

二、伊朗

伊朗伊斯兰共和国，亦称伊朗，位于亚洲西南部，海岸线长 2700 千米，境内多高原，东部为盆地和沙漠；属大陆性气候，冬冷夏热，大部分地区干燥少雨。国土面积为 164.5 万平方千米，拥有人口 8502 万（截至 2022 年 6 月）。

伊朗蕴藏着丰富的石油、天然气，拥有全球 10％的石油资源和第二大天然气资源，是世界第四大石油生产国、欧佩克第二大石油输出国。伊朗的石油天然气产量一直位居世界前列，坐拥世界上唯一横跨两大丰富油气的区域——里海（占世界油气总储量的 18％）和波斯湾（占世界油气总储量的 55％），伊朗主要的油田位于阿巴丹、克尔曼沙赫及德黑兰，其现有的开采量可支撑 100 年以上且储产比仍然高于 100。

根据《bp 世界能源统计年鉴（2018 年版）》数据，2017 年伊朗石油探明储量 216 亿吨，占世界总探明储量的 9.3％。天然气资源方面，伊朗天然气储量约 33.2 万亿立方米，占世界总储量的 17.2％，仅次于俄罗斯。截至 2019 年底，已探明石油储量 1580 亿桶，居世界第四位；天然气已探明储量 33.9 万亿立方米，居世界第二位。伊朗其他矿物资源也十分丰富，可采量巨大，已探明矿山 3800 处，矿藏储量 270 亿吨；其中，铁矿储量 47 亿吨；铜矿储量 30 亿吨（矿石平均品位 0.8％），约占世界总储量的 5％，居世界第三位；锌矿储量 2.3 亿吨（平均品位 20％），居世界第一位；铬矿储量 2000 万吨；金矿储量 150 吨。此外，该国还有大量的锰、锑、铅、硼、重晶石、大理石等矿产资源，已开采矿种 56 个，年矿产量 1.5 亿吨，占总储量的 0.55％，占全球矿产品总产量的 1.2％。[②③]

2022 年，伊朗原油日产量约 258 万桶，日均出口量约 85 万桶。近年来，美国制裁等因素对伊朗经济增长构成较大影响。2021 年，伊朗国内生产总值

① 《沙特阿拉伯国家概况》，https://www.mfa.gov.cn/web/gjhdq_676201/gj_676203/yz_676205/1206_676860/1206x0_676862/。

② bp 中国：《bp 世界能源统计年鉴（2018 年版）》，https://www.bp.com.cn/content/dam/bp/country－sites/zh_cn/china/home/reports/statistical－review－of－world－energy/2018/2018srpressrelease.pdf.

③ 《伊朗国家概况》，https://www.mfa.gov.cn/web/gjhdq_676201/gj_676203/yz_676205/1206_677172/1206x0_677174/。

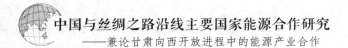

约 5046 亿美元,人均国内生产总值 5935 美元。①

三、土耳其

土耳其共和国地跨亚、欧两洲,邻格鲁吉亚、亚美尼亚、阿塞拜疆、伊朗、伊拉克、叙利亚、希腊和保加利亚,濒地中海、爱琴海、马尔马拉海和黑海,海岸线长 7200 千米,陆地边境线长 2648 千米;南部沿海地区属亚热带地中海式气候,内陆为大陆型气候;国土面积为 78.36 万平方千米,拥有人口 8468 万(截至 2021 年 12 月)。

2021 年土耳其国内生产总值为 8027 亿美元,人均国内生产总值为 9539 美元。土耳其矿产资源丰富,花岗石和大理石储量占世界储量的 40%,品种、数量均居世界第一。但是,土耳其石油、天然气资源匮乏,需大量进口;水资源短缺,人均拥水量只有 1430 立方米。②

四、阿拉伯联合酋长国

阿拉伯联合酋长国,亦称阿联酋,位于阿拉伯半岛东部,北濒波斯湾,海岸线长 734 千米,国土面积为 83600 平方千米,拥有人口 930 万(截至 2021 年)。

阿联酋经济以石油生产和石油化工工业为主,水泥、炼铝、塑料制品、建筑材料、服装、食品加工等工业也在持续建设发展。近年来,该国大力发展信息技术和可再生能源研发,着力调整本国相对单一的能源产业体系。2021 年,其国内生产总值为 4101 亿美元,人均 GDP 为 4.35 万美元。③

阿联酋石油和天然气资源非常丰富。《bp 世界能源统计年鉴(2018 年版)》数据表明,2017 年阿拉伯联合酋长国石油探明储量 130 亿吨,占世界总探明储量的 5.8%,其原油大部分用于出口;天然气储量约 8.0 万亿立方米,占世界总储量 4.2%;已探明石油储量约 150 亿吨,天然气储量 7.7 万亿立方

---

① 《伊朗国家概况》,https://www.mfa.gov.cn/web/gjhdq_676201/gj_676203/yz_676205/1206_677172/1206x0_677174/。

② 《土耳其国家概况》,https://www.mfa.gov.cn/web/gjhdq_676201/gj_676203/yz_676205/1206_676956/1206x0_676958/。

③ 《阿拉伯联合酋长国国家概况》,https://www.mfa.gov.cn/web/gjhdq_676201/gj_676203/yz_676205/1206_676234/1206x0_676236/。

米，均居世界第六位。[①]

五、卡塔尔

卡塔尔位于波斯湾西南岸的卡塔尔半岛上，南与沙特接壤，海岸线长 563 千米；属热带沙漠气候，夏季炎热漫长，最高气温可达 50℃，冬季凉爽干燥，最低气温 7℃；年均降水量仅 75.2 毫米；国土面积为 11521 平方千米，拥有人口 289 万（截至 2022 年 11 月）。卡塔尔 2021 年国内生产总值为 1692 亿美元，人均国内生产总值为 6.18 万美元。

卡塔尔石油和天然气资源丰富，已探明石油储量 26 亿吨，居世界第十四位；已探明天然气储量 177.7 亿吨，居世界第三位。卡塔尔是重要的液化天然气出口国。2021 年，卡塔尔液化天然气产量约 8000 万吨，出口约 7800 万吨，分别占全球液化天然气总产量和贸易量的三分之一。近年来，卡塔尔政府大力投资开发天然气，将其作为经济发展的重中之重。[②]

第四节　中国与西亚国家的能源合作

西亚地区油气资源丰富，能源优势显著，是世界最大的产油区，也是中国最大的原油供应地区和重要的油气产业合作地区。

一、中国与西亚国家能源合作概况

自 20 世纪 90 年代中期以来，中国经济快速发展，从西亚国家进口的原油总量逐年增加，对西亚原油、成品油、天然气等的进口需求不断提升。西亚成为我国能源企业开展海外油气勘探、冶炼、油气厂建设、管道铺设、港口建设开发的重要地区之一。

"一带一路"合作倡议得到阿拉伯国家的积极响应。在 22 个阿拉伯国家中，中国已与 7 国签署了"一带一路"合作备忘录或产能合作协议，与 21 国建立了双边经贸联委会机制。沙特阿拉伯等 9 个阿拉伯国家已成为亚投行成员

---

① bp 中国：《bp 世界能源统计年鉴（2018 年版）》，https://www.bp.com.cn/content/dam/bp/country－sites/zh＿cn/china/home/reports/statistical－review－of－world－energy/2018/2018srpressrelease.pdf.

② 《卡塔尔国家概况》，https://www.mfa.gov.cn/web/gjhdq＿676201/gj＿676203/yz＿676205/1206＿676596/1206x0＿676598/.

国，阿曼的铁路和港口项目成为亚投行向阿拉伯地区提供贷款的首批项目。①

二、中国与沙特阿拉伯的能源合作

2002 年，沙特阿拉伯成为中国第一大石油进口国，双方在能源领域不断展开合作。2012 年 11 月，沙特阿拉伯阿美石油公司成立了下属的亚洲公司，地区总部设在北京。2016 年，中国国家主席习近平访问沙特阿拉伯，中沙双方发表了关于建立全面战略伙伴关系的联合声明，并进一步强调石油市场稳定对世界经济的重要性。2019 年，沙特阿拉伯阿美石油公司与我国合作投资约100 亿美元，成立了华锦阿美石油化工有限公司，计划建设一个年炼油量达到1500 万吨、年乙烯加工量达到 150 万吨、年二甲苯产量达到 130 万吨的世界级石化工业基地。②

随着中国经济的快速增长以及对石油需求的增长，基于双方长期的相互需要和稳固的互补性，我国与沙特阿拉伯的石油贸易关系发展迅速。石油是沙特阿拉伯经济发展的支柱产业，沙特阿拉伯能源战略的重要组成部分就是要寻求稳定的出口市场。多年以来，沙特阿拉伯一直是我国石油进口的主要来源地与油气合作伙伴，未来相当长的时间内仍将如此。基于双方的利益契合，沙特阿拉伯与我国在能源安全上的相互依赖十分紧密，是能源安全的共同体。

三、中国与伊朗的能源合作

中国与伊朗的能源合作主要包括能源贸易、油气投资、产业合作及能源工程建设等方面。

在能源贸易方面，中国是伊朗最大的进口贸易伙伴国和最大的原油需求国。自 1996 年开始，伊朗原油开始大量流入我国市场。进入 21 世纪，我国经济高速发展，能源需求旺盛。2000 年，我国进口伊朗石油 700.5 万吨；到2011 年，这一数值为 2775.66 万吨，增长了近三倍。2014 年我国能源进口量为 2746.13 万吨；2015 年进口量为 3206.42 万吨，占我国进口份额的 7.9%。2017 年中伊贸易额为 370 亿美元，增幅达 20.4%，其中伊朗实现贸易顺差 2亿美元。2018 年中国从伊朗进口原油达 2927.4 万吨。③

---

① 《党的十八大以来中国与西亚非洲地区经贸合作成就》，https://www.gov.cn/zhuanti/2017-10/18/content_5232636.htm。

② 钱学文：《中国与西亚北非国家的能源合作及展望》，《新丝路学刊》，2021 年第 3 期，第 82~109 页。

③ 钱学文：《中东剧变对中国海外利益的影响》，《阿拉伯世界研究》，2012 年第 6 期，第 44 页。

在油气投资方面，自进入 21 世纪，中国石油天然气集团、中国石油化工集团等油企同伊朗国家石油天然气公司进行了油气勘探和开发的项目合作。据不完全统计，中资企业在伊朗已完工和在建的项目共计 136 个，合同金额327.44 亿美元。其中，投资合作类大项目 2 个，金额约 60 亿美元，包括中国石油化工集团雅达油田一期和中国石油天然气集团北阿扎德甘油田一期等项目。①

能源产业合作方面，中国石油天然气集团、中国石油化工集团等企业与伊朗国家石油天然气公司进行合作，对伊朗油气项目进行投资，获取伊朗油田开发权，参与伊朗炼油厂合资和维修工作等。

能源领域工程项目建设方面，中伊两国亦多有合作，主要合作项目有：中国石油天然气集团与伊朗国家石油公司于 2005 年 12 月合作勘探开发 MIS 油田，并顺利将该项目移交给伊朗国家石油公司；中国石油化工集团与伊朗国家石油公司于 2007 年 12 月合作开发亚达瓦兰油田；2012 年 2 月，中国石油工程建设公司与伊朗国家石油公司签订合同，开展北阿扎德甘油田地面工程；2016 年 6 月，中国重工企业与伊朗阿拉克机械制造公司合作修建波斯湾南部格什姆石油码头。②

四、中国与土耳其的能源合作

土耳其横跨亚欧非大陆，是国际能源市场的战略枢纽与重要通道。该国的巴库—第比利斯—杰伊汉输油管道、跨亚德里亚海天然气管线、跨安纳托利亚天然气管线（土耳其段）、土耳其—希腊—意大利互联管道以及伊拉克—土耳其石油管线等，在全球能源运输市场中发挥着十分重要的作用。加强与该国能源产业合作，有利于借助其得天独厚的地理位置优势，推进我国能源输往国际市场。③

近年来，中国和土耳其双方加紧了能源领域的合作。随着向西开发的加深，两国的能源合作不断增多、规模逐步扩大，并取得了初步成效。2011 年11 月，中国化学工程集团所属天辰公司总承包了土耳其盐湖地下天然气储库

---

① 钱学文：《中国与西亚北非国家的能源合作及展望》，《新丝路学刊》，2021 年第 3 期，第 82页。

② 根据中华人民共和国驻伊朗伊斯兰大使馆经济商务参赞处、中国石油化工集团、中国石油天然气集团、新华网、新浪财经相关数据及资料整理。

③ 王冰：《中国与土耳其能源产业合作面临的挑战及推进策略》，《对外经贸实务》，2017 年第 9期，第 36 页。

项目，该项目已于 2017 年 2 月举行了第一口井注气仪式。2012 年，习近平主席正式访问土耳其，并提出了深化双边能源领域合作的意愿。随后，中土双方政府与能源局分别签署了《和平利用核能合作协定》和《关于核能领域合作的意向书》。同年，中国石油化工集团胜利油田顺利承揽为期两年的土耳其共和国天然气地下储库钻井工程施工服务项目，合同金额 4843 万美元。①

2013 年，中国太阳能企业中电光伏公司在土耳其伊斯坦布尔郊外的图兹拉自由贸易区开设了一家光伏组件制造工厂。

2014 年 10 月，中电光伏公司分别与土耳其德尼兹金融租赁公司、索尔能源公司和马尔斯能源公司以租赁融资的方式签订了三份光伏组件的战略合作协议，大幅提高了中电光伏公司在土耳其市场的占有率。2014 年 12 月，在中国与土耳其双方高层的会晤中，土方表示欢迎中国企业积极参与该国的褐煤与天然气电站项目建设。

2015 年 8 月，中国出口信用保险公司与土耳其阿克银行签署了合作协议，为中国企业在土耳其开展的能源项目投资提供融资服务及信用担保支持。

2016 年 3 月，土耳其国家委员会主席穆拉特·梅尔詹在世界能源问题监测报告发布仪式上表示，期待中国更多投资土耳其能源行业，并邀请中国企业参加当年 10 月在伊斯坦布尔举行的第 23 届世界能源大会。

2016 年 9 月杭州峰会后，习近平主席与土耳其总统埃尔多安签署了能源等领域合作的新文件，进一步展现了推动双边能源合作的广阔前景。

截至 2017 年，中国在土耳其参与建设的能源类项目已达数十个。

五、中国与阿联酋的能源合作

近年来，中国与阿联酋的能源合作加深。合作内容既包括进出口贸易，也涉及相关基础设施项目合作建设。

2012 年 7 月 16 日，由中国石油天然气集团总承包、年输油能力达 7500 万吨的阿联酋哈卜善至富查伊拉输油管线建成投产。该管线总长 424 千米，其中陆线约长 410 千米，其余为海底管线，是阿联酋的国家级战略项目。

2015 年，中阿贸易额达 548 亿美元，非石油贸易额为 475 亿美元。2016 年，中阿双边贸易额为 400.6 亿美元，其中，中国自阿联酋进口 99.9 亿美元，出口阿联酋 300.7 亿美元。2016 年，中国成为阿布扎比第六大原油出口伙伴。

---

① 王冰：《中国与土耳其能源产业合作面临的挑战及推进策略》，《对外经贸实务》，2017 年第 9 期，第 37 页。

2018 年，中国石油天然气集团与阿联酋阿布扎比国家石油公司在阿布扎比签署了乌姆沙依夫－纳斯尔油田开发项目和下扎库姆油田开发项目合作协议。此次协议的签署，标志着中国"一带一路"倡议与阿联酋"向东看"战略有效对接并收获重要成果。中国已经成为阿联酋最主要的贸易合作伙伴。[1]

六、中国与卡塔尔的能源合作

近年来，我国与卡塔尔的能源合作日益紧密。2010 年，中国石油天然气集团和卡塔尔签署了一项勘探与产量分成协议，中方获得项目股份 25%。两年后，中国石油天然气集团收购了法国苏伊士环能集团在卡塔尔的部分勘探开发权益。2011 年 1 月 15 日，中卡两国达成长期供应液化天然气协议，并于当年 11 月开始实施。同年 5 月，卡塔尔、中国、法国三国的油气公司签署了《卡塔尔 BC 区块胡夫以下地层天然气勘探及生产分成协议》。2014 年，我国和卡塔尔国关于建立战略伙伴关系的联合声明指出，建立能源与替代能源领域长期全面的战略合作关系，加强两国在包括液化天然气、石化领域在内的油气生产和加工领域的合作。鼓励两国政府主管部门、相关企业签署并落实能源供给及相关项目投资领域的合作协议。[2] 2018 年 9 月，中国石油天然气集团与卡塔尔再度联手，达成每年 340 万吨液化天然气供应协议。[3]

第五节　加强中国与中西亚国家的能源合作

随着我国经济发展，油气需求缺口较大，油气进口依存度过大对国家能源安全造成一定威胁。中国是全球石油消费大国，未来还需积极推进与中亚、西亚国家的能源合作。

一、拓展和深化与中亚、西亚国家的能源合作

自 2013 年我国提出建设"一带一路"倡议并积极实施向西开放以来，我

---

[1]　《中国石油与阿布扎比国家石油公司签署协议　获两个海上油田区块各 10%权益》，https://www.yidaiyilu.gov.cn/xwzx/gnxw/50861.htm。

[2]　《中华人民共和国和卡塔尔国关于建立战略伙伴关系的联合声明》，https://www.mfa.gov.cn/web/gjhdq_676201/gj_676203/yz_676205/1206_676596/1207_676608/201411/t20141103_9295983.shtml。

[3]　钱学文：《中国与西亚北非国家的能源合作及展望》，《新丝路学刊》，2021 年第 3 期，第 82 页。

国从多层次多维度持续地加强加深与中亚、西亚国家之间的经济合作，为区域合作的深入开展创造良好的合作环境，扩大国际经贸合作。[①] 土库曼斯坦提出2018 年完成 TAPI 天然气管道项目。哈萨克斯坦提出 2020 年修建跨里海石油管道。2016 年 4 月 25 日，沙特阿拉伯政府发布了沙特"2030 愿景"。这些国家提出的发展本国能源产业的政策与愿景，可以与我国的能源发展需求及政策相契合，寻找合作点，深化合作。

二、稳定主要能源合作国的政治环境

一项成功的能源安全战略必须致力于防止供应中断，并减轻短期干扰所造成的损失，要实现这种战略，就需要把政治、军事、外交政策，国内能源政策与国际能源政策结合起来。考虑到能源的战略商品性质，国际能源合作需要经过多方协商，在互信互助的基础上，逐渐建立全面且双赢的能源合作框架。

能源合作不仅作用于经济层面，也体现在政治层面，想要保障国际能源协议顺利实施，需要稳定合作国的政治环境。要提高两国政治互信度，需要两国政府发挥引导作用，不断加强两国人民的民间交流，建构文化互通与认同机制，为民间合作奠定基础，消除诸如"中国威胁论"等不实言论的影响，通过举办"语言年""文化年"等友好交流活动进一步增进互信，消除存在的误会和偏见。

三、构建能源合作谈判的促进与保障机制

为务实解决好能源合作谈判中可能出现的各种问题，我们需要以足够的耐心和诚意，本着合作双赢的原则，积极构建能源合作各环节和各成员之间的促进及保障机制；应积极构建由两国政府的能源部门及相关行业部门组成的能源信息共享平台，提供系统的、权威的、全面的信息互换和交流，便于相关政府部门和企业及时做出合理安排。各方应构建政策变动预警机制和合作机制，以促进各国间的合作。

---

① 中华人民共和国外交部：《中华人民共和国东北地区与俄罗斯联邦远东及东西伯利亚地区合作规划纲要》，http://svideo.mfa.gov.cn/zyxw/201006/t20100618_304348.shtml。

第五章　甘肃向西开放发展与能源产业合作

第一节　甘肃向西开放发展路径回顾

一、重大发展机遇期（2013—2014 年）

2013 年，习近平总书记首次提出了共建"一带一路"倡议。这一倡议的提出，不但让古丝绸之路焕发新的生机和活力，以新的形式使亚欧非各国联系更加紧密，互利合作迈向新的历史高度，而且赋予了甘肃开放发展的重大历史机遇。

甘肃地处我国西北内陆，农业现代化水平低、工业转型升级难、服务业比重低等诸多问题制约着甘肃的发展。加之未能全面把握改革开放和西部大开发两次发展机遇，导致甘肃在经济发展方面与全国其他省份的差距逐步加大，而"一带一路"倡议的深入实施，为甘肃带来了千载难逢的重大历史机遇。

正视缺点的同时，更要挖掘自身潜力。甘肃地处欧亚大陆的咽喉位置，是联系中亚、西亚的交通枢纽，也是承东启西、连南通北的重要战略通道和物资集散地，在资源禀赋、产业基础等方面与丝绸之路沿线国家有着明显的互补性，各方在能源、交通等领域有着巨大的合作空间，特别是有色、冶金、电力、机械等产业实力雄厚，与沿线国家合作发展的前景广阔。这一系列优势为甘肃抢抓"一带一路"发展机遇奠定了坚实的现实基础。

2014 年 5 月，甘肃省委、省政府正式印发了《"丝绸之路经济带"甘肃段建设总体方案》。该方案拉开了甘肃丝绸之路经济带建设的大幕，提出要着力构建兰州新区、敦煌国际文化旅游名城和"中国丝绸之路博览会"三大战略平台，并重点推进道路互联互通、经贸技术交流、产业对接合作、经济新增长极、人文交流合作、战略平台建设等六大工程，全面打造"丝绸之路经济带黄金段"。

二、打造丝绸之路经济带甘肃黄金段的重要发展期（2015—2020 年）

2015—2020 年，是甘肃打造丝绸之路经济带甘肃黄金段的重要发展期，亦是实现"十三五"发展规划目标，打赢脱贫攻坚战的重要任务叠加期。2015年，根据《推动共建丝绸之路经济带和 21 世纪海上丝绸之路的愿景与行动》，甘肃编制了《甘肃省参与丝绸之路经济带和 21 世纪海上丝绸之路建设的实施方案》，细化了甘肃在"一带一路"建设中的战略定位、发展目标、主要任务和项目清单等。甘肃紧扣中央在"一带一路"建设中的对其定位——形成面向中亚、南亚、西亚国家的通道、商贸物流枢纽、重要产业和人文交流基地，积极响应，谋划发展，逐步融入"一带一路"建设合作。2019 年 8 月，习近平总书记视察甘肃时强调，甘肃最大的机遇在于"一带一路"，为甘肃省准确认识发展历史方位、时空背景和时代坐标指明了着力方向，提供了根本遵循。① 甘肃省委、省政府强化最大机遇意识，出台《新时代甘肃融入"一带一路"建设打造"五个制高点"规划》。据此，甘肃在文化、枢纽、科技、信息、生态五个领域全面寻求合作开放及突破，制定配套实施方案，谋划具体实施路径，全力推进工作的落实，努力在积极参与、主动服务"一带一路"建设上发挥甘肃功能，体现甘肃作为，彰显甘肃担当。

这一阶段，丝绸之路经济带甘肃黄金段建设工作成效显著。口岸、园区、交通等基础设施建设全面升级，兰州陆港型国家物流枢纽列入第一批国家物流枢纽建设名单，甘肃的枢纽地位显著提升。科技、人才、信息产业、生态产业向外合作力度增大，各领域实现了进一步升级。

三、全面融入"一带一路"的聚力突破期（2021 年以后）

进入新时代，随着"一带一路"建设深入推进，经过八年的建设，甘肃成为中国向西开放的前沿阵地。当前，甘肃充分发挥通道优势、枢纽优势、文化优势，按照"内外兼顾、陆海联动、向西为主、多向并进"的总体要求，紧紧围绕立足新发展阶段、贯彻新发展理念、构建新发展格局、推动高质量发展，持续深化同丝路沿线各地的交流与合作。2021 年 8 月，甘肃省委书记、省推

---

① 《甘肃：抓好用好"一带一路"建设最大机遇》，https://www.gstv.com.cn/xsxylxzcsddj/249143.jhtml。

进"一带一路"建设工作领导小组组长尹弘在甘肃省推进"一带一路"建设工作领导小组会议上强调：要深入学习贯彻习近平总书记关于"一带一路"建设的重要论述，全面贯彻落实习近平总书记对甘肃重要讲话和指示精神，增强紧迫感、找准发力点、提升开放度、提振精气神，着力推动我省"一带一路"高质量发展，齐心协力加快我省对外开放步伐。以 2021 年为新的起点，甘肃迎来全面融入"一带一路"的聚力突破期。①

第二节 甘肃全面提升向西开放水平

随着共建"一带一路"倡议的落实和推进，甘肃立足资源、能源和产业优势，主动"走出去、请进来"，全面提升向西开放水平。

一、进出口贸易稳步推进

进出口贸易与经贸合作互相影响、互相促进，常常是结合在一起、难以割裂的经济活动。客观地讲，甘肃进出口贸易处于相对低位，但作为内陆腹地的甘肃始终不懈探索，寻找进出口贸易及经贸合作的突破口和发展路径。

梳理 2014 年至 2020 年甘肃省商务厅、兰州海关的公开数据及相关年份的《甘肃发展年鉴》数据，可以发现甘肃进出口贸易始终稳步向前推进。

2014 年，甘肃外贸转变了以往的逆差态势，开始实现贸易顺差，对外贸易进出口总值为 525.86 亿元。其中出口总值为 325.58 亿元，进口总值为 200.28 亿元。

2015 年，甘肃贸易顺差实现大幅增长，进出口总值为 497.7 亿元，实现贸易顺差 226.5 亿元，比上年增长了 80.91%。对比当年我国的贸易顺差比上年增长了 56.7%，这一成绩令人欣喜。

2016 年，世界经济不景气，国际市场需求疲弱，甘肃外贸实现逆势维稳。中国香港、美国、哈萨克斯坦为甘肃前三大贸易伙伴，双边贸易值分别为 48.4 亿元、42 亿元和 39 亿元，同比分别增长 94.8%、13.7% 和 1.4 倍，分别占全省对外贸易总值的 10.7%、9.3% 和 8.6%。

---

① 张富贵、孟捷：《尹弘在省推进"一带一路"建设工作领导小组会议上强调增强紧迫感抢抓最大机遇 找准发力点加快对外开放》，https://app.gdj.gansu.gov.cn/home/organ/detail/aid/28967.html。

2017 年，甘肃进出口总值同比增长 20.3%。其中出口总值增长 24.7%；与"一带一路"沿线国家和地区贸易额达 135 亿元人民币，同比增长 32%。服务贸易和服务外包产业占全省进出口的比重稳步提升，全省贸易结构不断优化，成为拉动经济增长的新亮点。

2018 年，甘肃实现进出口总值 394.7 亿元人民币，同比增长 21.2%。其中与"一带一路"沿线国家和地区进出口总值达 172.9 亿元，增长 18.6%，占全省进出口总值的 43.8%。

2019 年，甘肃实现外贸进出口总值 379.9 亿元人民币。其中与"一带一路"沿线国家和地区进出口总值达 200.9 亿元，同比增长 2.8%；与东盟进出口总值达 44 亿元，同比增长 47.2%。

2020 年，甘肃外贸进出口总值为 380.29 亿元，与 2019 年同期相比下降 2%，总体持稳。甘肃对哈萨克斯坦进出口总值为 71.9 亿元，对蒙古进出口总值为 34 亿元，对欧盟（不含英国）进出口总值为 31.7 亿元，对东盟进出口总值为 28.7 亿元。上述四个国家和地区成为甘肃省前四大贸易伙伴。同年，甘肃对"一带一路"沿线国家和地区进出口总值为 165.2 亿元，占全省外贸总值的 44.3%。

总体看来，甘肃积极融入"一带一路"建设，进出口贸易稳步向前。具体表现则有三个特点。一是借助"一带一路"建设发展机遇，着力构建向西开放重要战略平台，收获了一定红利。2014 年至 2021 年，甘肃省与"一带一路"沿线国家和地区累计贸易额超过千亿元。其中 2014—2016 年连续三年实现了贸易顺差（见表 5-1）。二是受到中美贸易摩擦等负面影响，2017—2020 年，甘肃出口受到明显的影响，同期进口则稳步提升，进出口总额维持平稳。甘肃整体进出口贸易在困境中维持相对稳定的发展态势，实属不易。三是积极实施"走出去、引进来"发展战略，经贸合作成效明显。2019 年，甘肃共实施省外及境外招商引资项目 1937 个，到位资金 2593.22 亿元，比上年同比增长 22.85%。2020 年，甘肃共实施省外企业投资项目 2064 个，到位资金 3052 亿元，同比增长 17.7%。①②

---

① 甘肃省商务厅：《甘肃省经济合作局事业单位法人 2019 年度报告书》，https://swt.gansu.gov.cn/swt/c108479/202004/070371e98b2e4682ad7d5b4e892ded6f.shtml。

② 甘肃省商务厅：《甘肃省经济合作局事业单位法人 2020 年度报告书》，https://swt.gansu.gov.cn/swt/c116972/202104/5f78f379f76744a89bc1360 39708859a.shtml。

表 5-1　甘肃 2013—2020 年进出口总额

类别	2013 年	2014 年	2015 年	2016 年	2017 年	2018 年	2019 年	2020 年
进出口总额 （亿元）	642.75	525.86	494.0	448.39	325.42	394.52	380.26	380.29
出口总额 （亿元）	289.0	325.58	361.06	264.77	114.76	144.97	131.33	85.64
进口总额 （亿元）	353.76	200.28	132.82	183.61	210.66	249.55	248.92	294.65

注：数据来源于《甘肃发展年鉴（2021）》及兰州海关官方网站。

二、经贸合作半径显著扩大

甘肃自身具备诸多对外开展经贸合作的优势领域，但囿于身处内陆、宣传欠缺、对外窗口较少等短板，"酒香也怕巷子深"的问题依然客观存在。近年来，随着"一带一路"建设的深入，甘肃的特色优势产业进一步走向全世界，经贸合作半径显著扩大。

（一）经贸合作的地区半径显著扩大

截至 2021 年，甘肃与四川、重庆、广西、海南、浙江、内蒙古、青海、陕西等相关省份均签署了经济社会合作协议；与 40 个国家建立了 63 对友城，其中与"一带一路"沿线 18 个国家建立了 27 对友城[1]；在"一带一路"沿线国家设立 13 个境外商务代表处，与 74 个境外商协会建立了合作机制，与 180 多个国家和地区建立了经贸往来关系[2]；全省 39 家企业在"一带一路"沿线国家设立 79 个国际营销网点，主要分布在尼泊尔、俄罗斯、泰国、哈萨克斯坦等 22 个国家和地区。省属企业在境外累计投资总额达 290 亿元，资产总额达 509 亿元，所有者权益达 274 亿元，实现营业收入约 547 亿元，实现利润总额 3.5 亿元。[3]

---

[1]　《甘肃概况》，http://gansu.gscn.com.cn/system/2019/05/16/012157959.shtml。

[2]　李琛奇、牛新建：《甘肃 2022 全球招商大会在兰州举办》，http://bgimg.ce.cn/xwzx/gnsz/gdxw/202207/08/t20220708_37847944.shtml。

[3]　《甘肃聚力共建"一带一路"开放发展新引擎》，https://finance.sina.com.cn/jjxw/2021-10-15/doc-iktzqtyu1513526.shtml。

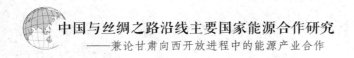

（二）对外经贸的商品类目半径显著扩大

甘肃对外经贸的商品类目不断增多。根据甘肃历年的统计年鉴就海关出口主要商品的统计口径来看，2014 年和 2015 年，甘肃外贸出口商品主要为盐渍绵羊肠衣、蕨菜干、干扁豆、干蚕豆、荞麦、当归、黄芪、苦杏仁、黑瓜子、番茄、罐头、硫化钠、氧化铈、已梳无毛山羊绒、交流发电机、滚珠轴承，主要包含农产品、医药材及药品、羊绒、初级工业原料、机电产品等。到了2019 年和 2020 年，甘肃的外贸出口商品的品类则扩大到包含农产品、医药材及药品、塑料制品、服装及衣着附件、陶瓷产品、铁合金、未锻轧铝及铝材、家具及其零件、玩具、体育用品及设备、机电产品、高新技术产品、生物技术、生命科学技术、光电技术等近二十类产品，实现了从低附加值的原材料经贸到包含高附加值的医药、高新产业和技术产品的提升。

（三）经贸合作的影响力辐射半径显著扩大

近年来，甘肃积极深化实施"走出去"战略，对外投资业务呈现出快速发展的势头，尤其是金川集团、白银集团等国有大型企业大步走向世界市场，积极开展境外资源开发，有效实施国际化运营，极大地提升了甘肃对外投资业务的能力和水平。其中，金川集团的印尼 WP&PKA 红土镍矿项目、白银集团的南非第一黄金项目等"走出去"项目的顺利实施和推进，有效带动了国际产能合作，促进了产业优化升级。以兰白国家自主创新示范区建设为龙头，积极开展国际技术研究、转移、培训合作，认定省级国际科技合作基地 88 个，累计实施国家、省级国际科技合作项目 150 多项。在匈牙利、白俄罗斯等国家设立 16 家海外中医中心或岐黄中医学院。经贸合作不但实现了经济效益，而且进一步扩大了甘肃对外在文化、经济、技术等方面的影响力，实现了较好的社会效益。

三、向西开放合作平台建设实现升级

随着"一带一路"建设的深入，甘肃向西开放合作平台建设收效明显，口岸、枢纽等建设实现升级。

（一）兰州新区作为向西开放的重要平台功能显现

兰州新区作为丝绸之路经济带的第一个国家级新区，被定位为国家向西开放平台、国家重要的产业基地、西部重要的增长极和承接产业转移的示范区。

其地区生产总值从 2010 年的不足 5 亿元增长到 2020 年的 236 亿元，增速连续四年领跑国家级新区，成为西北经济最活跃的地区。2014—2020 年，贸易合作内外互动，引进产业项目 487 个，投资 2115 亿元，兰石装备、广通新能源汽车等"新区制造"走出国门，建成国际互联网数据专用通道，中科曙光、华为、国网云等 29 家大数据企业入驻兰州新区。跨境电商监管中心常态化运营，贸易额倍数增长。西北首个有色金属铝期货交割库挂牌运营。西北纯碱分拨中心、西北国际木材交易中心等挂牌运营。中国国际进口博览会签约项目达 17 个，签约额达 2.23 亿美元；中国进出口商品交易会（广交会）、中国国际服务贸易交易会（京交会）、中国国际高新技术成果交易会（高交会）成果丰硕。"新区造"钻机、铜材、线缆、化工等产品远销 30 多个国家和地区，对外开放持续扩大。

（二）经贸合作平台形式多样

一是多行业的经贸合作会展工作稳步推进。截至 2021 年，丝绸之路（敦煌）国际文化博览会已成功举办五届；敦煌行·丝绸之路国际旅游节已成功举办十届；中国兰州投资贸易洽谈会（以下简称"兰洽会"）已成功举办了二十七届；中国（甘肃）中医药产业博览会药博会已成功举办三届。二是会展形式多样，线上及同步在线视频会议系统广泛使用。从 2020 年开始，兰洽会创新方式，推动线上、线下融合，首次实现了"云展览""云促销"，创造性地打造了永不落幕的兰洽会；配合卫健委搭建了"药博会在线"平台 PC 端和移动端，共设置 23 个虚拟展馆。2021 年 6 月，中国（甘肃）国际贸易数字展览会则以"云上甘肃，贸通天下"为主题，依托"网展贸"平台，以"一带一路"沿线国家的 5000 多条买家需求信息为核心，利用大数据提供 4 万条买家数据供参展企业对接，向世界全方位展示了甘肃特色产品。[①] 丝绸之路合作发展高端论坛、甘肃省绿色生态产业线上招商推介会、榆中生态创新城线上招商推介会上都采用了新型的会议系统。总体而言，这一系列经贸合作会展积极发挥窗口平台作用，影响力不断扩大，进一步助推"一带一路"甘肃经贸合作，取得了丰硕的政治、文化和经济成果。

四、向西开放通道建设成效显著

党的十八大以来，甘肃省持续深入推进"一带一路"建设，向西开放通道

---

① 蒋凌：《中国（甘肃）国际贸易数字展览会在兰召开总结大会》，https://lzrb. lzbs. com. cn/pad/content/202112/24/content _ 109858. html。

建设成效明显。

一方面，全面打造立体交通网络。2014 年以来，甘肃先后开通"兰州号""天马号""嘉峪关号"等中亚、中欧、南亚国际货运班列。2017 年，甘肃省首列西部陆海新通道国际货运班列自兰州铁路口岸东川物流中心作业区发车。2019 年，甘肃与重庆、广西、贵州、青海、新疆、云南、宁夏、陕西八省（区、市）共同签署合作共建"陆海新通道"协议，"借路出海"，不断构建陆海内外联动、东西双向互济开放格局，促进国内物流全面开放格局新发展。甘肃已构建起中欧、中亚、南亚、"西部陆海新通道"以及中吉乌班列的"四向五条"立体开放通道网络，覆盖欧洲、亚洲的 20 多个国家和地区，打开甘肃通江达海、货畅其流的全新发展局面。

另一方面，甘肃"三大陆港""三大空港"进一步实现扩容提质。兰州、天水获批跨境电商综合试验区。兰州铁路口岸、航空口岸和敦煌航空口岸建成运营。在哈萨克斯坦、泰国、孟加拉国、阿联酋等地建设、租赁海外仓 31 个，具备了境外货物直达甘肃再分销等能力，集散效应不断扩大。

五、国际产能合作积极有效开展

自 2014 年来，甘肃立足能源资源、装备制造、工程建设等方面的优势，加快开展国际产能合作。2015 年，国家发展改革委与甘肃方面商定，首批将重点推动金川集团、白银集团、酒钢集团、八冶集团等甘肃重点企业在塔吉克斯坦、吉尔吉斯斯坦、印度尼西亚等国的 20 个产能合作项目。国家发展改革委将在建设多双边合作机制、制定国际产能合作重点国别规划、争取金融机构融资支持、设立国际产能合作股权投资基金等工作中对甘肃予以支持。甘肃将围绕石油化工、冶金、有色、装备制造等重点领域，制定扶持激励政策，建立动态更新的重点项目库，积极推动全省企业开展国际产能和装备制造合作。全省已与"一带一路"沿线 16 个国家开展了实质性国际产能合作，与津巴布韦、牙买加等重点国家的产能合作取得新进展。

在优势产业项目实施方面，金川集团与巴基斯坦雷克迪克铜矿开展项目合作，白银集团与哈萨克斯坦矿业集团开展 30 万吨铜冶炼项目合作，白银集团与中非基金联合开展收购南非第一黄金项目，金川集团投资印尼的 WP&PKA 红土镍矿项目，酒钢公司收购并建设牙买加阿尔帕特氧化铝厂项目已建成投产。其中，红土镍矿项目计划建设年产 3 万吨镍铁厂、150 兆瓦自备电厂等设施，总投资达 6.58 亿美元，项目可有效撬动境外融资 4.21 亿美元；氧化铝厂项目通过收购俄罗斯铝业联合公司持有牙买加阿尔帕特氧化铝厂 100％的股权,对现有165万吨/年氧化铝生产线提升改造,并利用已有产业基础和土地资源谋划建设国际产业园,项目总投资达到5.18亿美元。[①] 在优势装备有序输出方面,甘肃省建设投资(控股)集团有限公司、兰州兰石重型装备股份有限公司、海默科技(集团)股份有限公司、天水华天科技股份有限公司等企业已经开展了国内外产业布局。其中海默科技(集团)股份有限公司在美国、阿联酋、阿曼、哥伦比亚等国家拥有6家海外子公司及分支机构。甘肃聚馨农业科技集团在白俄罗斯"中白工业园"投资建设啤酒麦芽加工项目;甘肃自然能源研究所分别与巴基斯坦农业研究理事会、约旦国家能源部、苏丹(MEP)民营住宅有限公司及赞比亚绿色智慧能源有限公司签订了太阳能民用产品和技术"一带一路"重点国家转移转化合作项目。

第三节　甘肃能源产业合作的客观基础

一、强力的能源供应为开展合作提供基础保障

为进一步增强能源供应能力,甘肃围绕能源利用多元化、清洁化和高效化,积极推进能源重大项目建设,不断增强能源保障能力。

根据《甘肃发展年鉴(2021)》[②] 数据,石油方面:2010年,甘肃省石油可供量为703.52万吨;2015年,这一数据为864.3万吨;到2020年,则为881.62万吨。

煤炭方面:2010年,甘肃省煤炭可供量为5301.89万吨;2015年达到6585.06万吨。"十二五"末,甘肃全省煤炭预测资源量为1656亿吨,累计查明保有资源储量为400亿吨,比"十一五"翻了一番,已跃升全国第六位;国家已核准煤炭建设总规模2100万吨;全省登记公告煤矿生产能力达到5457万吨/年,陇东地区已形成煤炭产能3000万吨/年。到2020年,甘肃省煤炭供应量实现7245.45万吨。

电力方面:2010年,甘肃省电力可供量为804.43亿千瓦时。2015年为1112.99亿千瓦时。2011—2015年,甘肃全省火电装机达到1927万千瓦,比

---

① 沈丽莉、柴丽红:《我省国际产能合作取得重大突破》,《甘肃日报》,2016年8月5日第1版。
② 《甘肃发展年鉴(2021)》,http://60.16.24.131/CSYDMirror/area/Yearbook/Single/N202201 0251?z=D28。

2010 年增长 33.4%；水电装机达到 851 万千瓦，比 2010 年增长 40.9%。2020 年，甘肃电力供应量则达到 1386.60 亿千瓦时。甘肃电网基本形成了以兰州、白银为核心，东西延伸、南北拓展的 750 千伏、330 千伏网架结构。省际电网联络不断强化，与周边陕西、青海、宁夏、新疆维吾尔自治区间已形成 16 回 750 千伏联网、9 回 330 千伏联网，电力交换能力达到 1400 万千瓦。甘肃电网作为西北电网枢纽和省际功率交换中心，在西北电网水火互济、省际互调余缺、跨区优化配置资源方面的作用不断强化。截至"十二五"末，全省 750 千伏变电容量 2440 万千伏安，线路 5453 千米；330 千伏变电容量 3435 万千伏安，线路 9127 千米；110 千伏变电容量 2003 万千伏安，线路 20802 千米。2020 年，甘肃外送电量为 520.16 亿千瓦时，较 2019 年同比增长 23.23%；新能源发电量为 379.59 亿千瓦时，同比增加 7.7%；新能源利用率达 95.28%，较 2019 年提升了 1.63 个百分点，消纳创历史最好水平。[①]

总体而言，甘肃省各类能源的供应能力均保持稳定增长的态势。这也为相关合作的开展提供了基础保障。

二、逐步优化的能源结构为合作升级奠定发展基石

2011—2015 年，甘肃通过政策引导关闭退出小煤矿 184 处，淘汰落后煤炭产能 650 万吨，煤炭产业集中度不断提高。关停小火电机组 55.61 万千瓦，单机容量 30 万千瓦及以上的超临界火电装机达到 1597 万千瓦，占全部火电装机的 82.9%，装机结构更趋合理。煤炭清洁生产水平不断提高，建成选煤厂 22 处，洗选能力达到 3015 万吨/年，入洗率为 48%。煤炭 30 万吨及以上中心煤矿产能占比达到 85%。可再生能源装机容量占全省总装机容量达到 58%，非化石能源占能源消费比重达到 19%。到"十三五"期间，甘肃进一步大力推动电力代替煤和油的消费，累计完成电能替代电量 432 亿千瓦时，电力占终端能源消费比重不断提升。依托电力大数据优势，推动产业发展绿色转型。通过以上措施，相当于节约标煤 2389 万吨，减排二氧化碳 1.8 亿吨，助力"碳达峰""碳中和"目标的实现。[②]

---

① 《祁韶送湖南 甘电保民生》，http://www.sasac.gov.cn/n2588025/n2641611/n16994369/c16995069/content.html。
② 沈丽莉：《甘肃新能源发展"风光无限"》，http://gansu.gansudaily.com.cn/system/2021/02/03/030268916.shtml。

三、新能源基地为产业转型提供技术支撑

2011—2015 年，甘肃的新能源和可再生能源得到了长足发展。在此期间，甘肃新能源开发建设总投资为 1475 亿元，带动装备制造业实现工业生产总值 1180 亿元。河西清洁能源基地建设深入推进，国家第一个千万千瓦级风电基地（酒泉）建成，已初步形成全国重要的新能源基地，新能源建设发展取得了瞩目成就。2015 年底，风光电装机 1862 万千瓦，约占全省总装机量的 40%，新能源成为甘肃电力的第二大电源。截至 2020 年，甘肃大力发展以风电、光伏为主的新能源电力，在优化西部能源结构中起到了关键性的作用，新能源已成为甘肃重要的支柱产业，成为全省后发赶超、转型跨越的有力支撑。

四、重要的陆上综合性能源通道

作为全国重要的陆上综合性能源通道，甘肃开展能源产业合作具备良好的地缘优势，河西走廊是我国西部最重要、最密集的油气管廊带。甘肃省会兰州市位于中国地理中心，有 9 条油气干线管道和数座大型油库汇集于此，是西北能源运输枢纽。甘肃省境内的油气管线中天然气管道包括西气东输一、二、三线，中卫—贵州天然气联络线，涩北—西宁—兰州天然气管道及复线，兰州—银川天然气管道，涩北—敦煌天然气管道等 8 条干线。原油管道包括鄯善—兰州原油管道、兰州—成都原油管道、石空—兰州原油管道、马岭—惠安堡—中宁原油管道、庆阳—咸阳原油管道 5 条干线。成品油管道包括乌鲁木齐—兰州成品油管道、兰州—郑州—长沙成品油管道、兰州—成都—重庆成品油管道、庆阳—咸阳成品油外输管道 4 条干线。截至 2019 年，甘肃全省在役油气干线管道 17 条，里程 8093 千米；支线管道 42 条，里程 1451 千米；合计 59 条，总里程 9544 千米。河西走廊规划建设西气东输四线、中俄西线、新疆煤制气外输管道、西部原油管道复线、西部成品油管道复线 5 条国家油气干线管道。2019 年，甘肃油气管网共完成管道运输量 9172 万吨（其中天然气 666 亿立方米，占全国天然气表观消费量的 21.7%）、周转量 875 亿吨千米（其中天然气 77.5 万亿立方米千米），分别占全国管道运输量的 10.1%、周转量的 1/6。①电力输送方面，哈密南至郑州特高压直流输变电工程建成投运，酒泉至湖南特高压直流输电工程开工建设，准东至皖南特高压直流输电工程即将核准并开工

---

① 姜长寿：《甘肃油气管网重要性知多少》，http://guandaobaohuchina.com/htm/20209/10_2871.htm。

建设。

五、能源生产与消费结构升级

（一）能源生产结构逐步优化，但依然以煤炭为主

2011 年，甘肃一次能源生产总量为 4884.56 万吨标准煤。2020 年，甘肃一次能源生产总量为 6729.39 万吨标准煤，比 2011 年增长了 37.77％。其中，原煤生产总量占能源生产总量的比重由 2011 年的 64.64％下降到 2020 年的 39.17％，原油生产总量占能源生产总量的比重由 2011 年的 14.70％上升到 2020 年的 20.57％，天然气生产总量占能源生产总量的比重由 2011 年的 0.22％上升到 2020 年的 0.7％，一次电力及其他能源生产总量占能源生产总量的比重由 2011 年的 20.45％上升到 2020 年的 39.56％。可以看出，甘肃一次能源生产中原油、天然气和电力等其他能源的生产比重逐步上升，但总体依然保持着以煤为主的传统生产结构（见表 5－2）。

表 5－2　2011—2020 年甘肃能源生产总量及构成

年份	能源生产总量（万吨标准煤）	占能源生产总量的比重（％）			
		原煤生产总量	原油生产总量	天然气生产总量	一次电力及其他能源生产总量
2011	4884.56	64.64	14.70	0.22	20.45
2012	5362.84	60.29	16.77	0.31	22.63
2013	5538.21	55.48	18.32	0.25	25.95
2014	5926.50	54.64	18.61	0.27	26.48
2015	5816.78	52.02	20.14	0.27	27.57
2016	5667.42	51.86	20.20	0.24	27.70
2017	5749.10	45.20	20.55	0.39	33.86
2018	6107.42	40.76	20.11	0.48	38.65
2019	6394.63	39.53	20.19	0.31	39.97
2020	6729.39	39.17	20.57	0.70	39.56

注：数据来源于《甘肃发展年鉴（2021）》。

（二）能源消费总量持续上涨，其中清洁能源消费总量上涨明显

2011 年，甘肃一次能源消费总量为 6393.69 万吨标准煤。2020 年，甘肃

一次能源消费总量为 8104.71 万吨标准煤，比 2011 年增长 26.76%。其中，原煤消费总量比重为 52.74%，原油消费总量比重为 15.33%，天然气消费总量比重为 5.29%，一次电力及其他能源消费总量比重为 26.64%。可以看出，2011—2020 年，甘肃一次能源消费整体呈继续上涨趋势；原煤这一能源品种的消费比重降幅明显，下降了 10.61%；原油消费总量比重仅下降了 1.85%，总体保持稳定；清洁能源消费比重上涨明显，天然气和一次电力的消费总量合计增长 12.46%（见表 5—3）。

表 5—3　2011—2020 年甘肃能源消费总量及构成

年份	能源消费总量（万吨标准煤）	占能源消费总量的比重（%）			
		原煤消费总量	原油消费总量	天然气消费总量	一次电力及其他能源消费总量
2011	6393.69	63.35	17.18	3.85	15.62
2012	6893.76	61.85	16.48	4.06	17.61
2013	7286.72	60.63	16.70	3.98	18.69
2014	7521.45	60.41	16.34	4.19	19.06
2015	7488.50	60.21	16.15	4.45	19.19
2016	7299.93	58.72	17.25	4.63	19.40
2017	7503.63	55.83	17.13	4.93	22.11
2018	7822.54	54.44	16.21	4.98	24.37
2019	7818.02	52.40	15.50	5.27	26.83
2020	8104.71	52.74	15.33	5.29	26.64

注：数据来源于《甘肃发展年鉴（2021）》。

（三）能源消费的结构性变化特征明显

从发达国家的发展经验看，一个国家或地区在其工业化的初期需要经历一个能源消费快速增长、能源弹性系数不断上升的转型时期，而随着资本积累和技术水平的提高、生产工艺的改进，产业结构不断优化调整，能源弹性系数和能源消费速度将会逐渐降低。随着工业化、城镇化进程加快和消费结构升级，甘肃能源消费总量呈刚性增长。2005—2016 年，甘肃能源消费平均增长速度为 4.97%，平均能源消费弹性系数为 0.46。党的十八大以来，由于经济增速换挡和经济结构调整，甘肃能源消费呈现逐年回落的趋势。2012—2015 年各年能源消费增速分别为 7.82％、5.70％、3.22％和 0.02％，能源消费弹性系数分别为 0.62、0.53、0.36 和 0.002。2016 年，全省能源消费总量比上年减少 2.52％，电力消费总量比上年减少 3.06％，能源消费和电力消费自进入 21 世纪以来，首次出现"双降"。这说明甘肃经济对传统能源消费的依赖程度已明显减弱，这一阶段正处在一个转型过渡的关键时期。此后，2017—2020 年，甘肃能源消费总体由以煤炭为主的传统能源消费结构逐步向清洁能源消费比重提升的方向发展。

由此可见，甘肃省能源生产与消费结构正在逐步调整升级，但自身的发展动力依然有限，亟待引进外力，其中蕴含了强劲的合作需求与良好的发展机会。

第六章　甘肃能源产业发展现状

第一节　石油、天然气产业

20 世纪 50 年代，以玉门油田的兴起为标志，甘肃成为我国重要的油气生产基地和油气枢纽。经过几十年的发展，甘肃已经建立起包括油气生产、原油加工、管道运输、油品化工产品销售在内的完整石油工业体系。

一、油气产业发展历程

1949 年以前，甘肃石油开采和炼制工业已有初步发展。1939 年开始在玉门开采石油，创办炼油厂，当年即加工原油 71.5 吨，生产汽油 11.6 吨。1939 年至 1949 年，玉门油矿共生产原油 50 万吨，占全国原油产量的 90% 以上。[①]中华人民共和国成立以来，随着生产力的极大解放，甘肃石油工业开始步入稳步发展的轨道。

20 世纪 50 年代是甘肃石油工业迅速兴起的时期。其间，玉门石油基地、兰州炼油厂、兰州化学工业公司相继建成。1957 年，玉门油田的原油年产量达 75.54 万吨，占当年全国石油总产量的 87.78%。[②] 1958 年 10 月，兰州化学工业公司 8.2 万吨/年硝酸铵装置投产，结束了西北不能生产化肥的历史。兰州化学工业公司打破我国合成橡胶零的纪录，生产出国内第一批丁苯橡胶。成长在甘肃的石油工业企业，为发展新中国的石化工业做出了历史性贡献。

20 世纪六七十年代，甘肃着力实施石油化工技术改造、技术引进和专业化发展，由煤化工向石油化工转变。我国第一套管式炉、第一套砂子炉裂解制

---

① 李赟：《玉门油田——中国石油工业的摇篮》，《甘肃日报》，2022 年 12 月 21 日第 11 版。
② 李赟：《玉门油田——中国石油工业的摇篮》，《甘肃日报》，2022 年 12 月 21 日第 11 版。

乙烯装置在这一时期相继建成，并为国家生产出第一批聚烯烃塑料。此后，甘肃逐步扩大了乙烯生产、合成氨生产能力，同时实现了大幅降低能耗、年加工能力扩大2倍的可喜成绩。1970年10月12日，我国石油勘探在西部又有新突破——长庆油田会战指挥部成立。随后一段时期，国家先后在兰州建设了一批重点设计院所、石油化工科学研究院、石油化工机械厂和化学工程建设企业，甘肃的石油化学工业从此形成了协调发展的配套产业链条。

改革开放以后，甘肃石油工业生产建设取得了令人瞩目的成就。

一是生产经营持续快速发展。经过60多年的不懈努力，到2010年底，甘肃原油开采量达到500万吨，原油一次加工能力达到1600万吨。2008年，全省石化工业完成工业总产值1222.17亿元，占全省工业产值的33.29％，同比增长16.58％；完成工业增加值291.34亿元，同比增长5.7％，占全省工业增加值的近1/4；实现销售收入1187.32亿元，同比增长16.58％，上缴税金43.52亿元，占全省财政收入的20％左右，已成为带动全省经济发展的主要支柱产业之一。[1]

二是主要能源化工产品的产量大幅增长。2008年重点考核的15种主要产品产量增长幅度较大的有10种：原油365.15万吨，是1949年原油产量的70多倍；原油1384.62万吨，是1949年加工量的271.4倍；乙烯70.14万吨，是1962年投产当年产量的910多倍；合成树脂108.7万吨，是1960年产量的5435倍；合成橡胶11.02万吨，是1960年投产时产量的近30倍；化肥（折纯）71.34万吨，是1958年产量的30多倍；硫酸203.2万吨，是1958年产量的5000多倍；盐酸13.87万吨；纯碱1.999万吨；油漆在1958年全省只有216吨的产能，到2008年，西北永新集团的油漆产能已达5万吨/年。[2]

三是企业竞争力实现跨越式发展。1978年至2008年的30年间，能源行业固定资产投资总额达1200多亿元，建设和改造了一批具有国际水平和国内先进水平的项目装置，使企业经营规模不断扩大，整体实力进一步增强。中国石油兰州石化公司（以下简称"兰州石化"）经过技术改造，建成了千万吨级炼油、大乙烯、大化肥、120万吨/年延迟焦化、120万吨/年柴油加氢等一批大型现代化装置。特别是大乙烯项目19个月建成投产，创国内同类装置建设速度之最；1970年至2000年，玉门油田连续创造了三个"稳产10年"的非

---

① 《甘肃发展年鉴（2021）》，http://60.16.24.131/CSYDMirror/area/Yearbook/Single/N2022010251?z=D28。

② 《甘肃发展年鉴（2021）》，http://60.16.24.131/CSYDMirror/area/Yearbook/Single/N2022010251?z=D28。

凡业绩，为我国彻底甩掉"贫油国"的帽子，为甘肃经济社会发展做出了突出贡献。在油田开发建设的同时，加快炼化结构调整和技术改造步伐，原油综合配套加工能力达到了 300 万吨/年的规模，生产油品有 13 大类 160 多种，产品质量大幅提升，特油产品享誉全国。

二、油气产业发展现状

（一）重点企业发展现状

甘肃石油产业主要布局在兰州、玉门和庆阳三个点，在地域分布上呈"一体两翼"的发展格局（以兰州为主体，河西、陇东为两翼）。其中，兰州地区的规模、技术装备、效率及区位优势较为明显，玉门、庆阳的油气资源蕴藏丰富，但产业发展规模相对较小。

兰州石化的前身——兰州炼油化工总厂和兰州化学工业公司，均为国家"一五"期间的 156 项重点项目之一，其中兰州炼油化工总厂是新中国第一座现代化炼油厂。自 1958 年建成投产到 2017 年底，兰州石化累计加工原油 2.6 亿吨，生产乙烯 1055 万吨，累计上缴税费 1259 亿元，2009 年以来连续成为甘肃纳税超百亿元企业。[①] 公司总资产达 163 亿元，年营业收入近 800 亿元。兰州石化先后研发出多套国内炼油化工生产装置、多项炼油化工先进技术，填补了国内空白。"十三五"期间，兰州石化建设了 190 多个重点重大项目，累计加工原油 4457 万吨，生产乙烯 303 万吨，实现营业收入 2517 亿元、税费 703 亿元。2020 年，兰州石化加工原油 911.3 万吨，生产乙烯 69.7 万吨，实现营业收入 451 亿元、税费 135 亿元。[②]

玉门油田经过多年发展，已经形成包括石油化工、精细化工、仓储物流及危废、固废综合处理等在内的较为完整的生产体系。1957—2015 年，玉门油矿累计开采原油 3682 万吨，年均开采 52.6 万吨，累计加工原油 6537 万吨。经过不懈努力，玉门油田的勘探区域已覆盖河西走廊及附近地区，共包含 7 个盆地，勘探面积为 6.6 万平方千米，已探明资源储量为 1.5 亿吨，17 个区块的资源总量为 9.56 亿吨，展示出油气勘探的广阔前景。党的十八大以来，玉门油田秉承绿色发展理念，持续推进节能减排，大力推进绿色矿山建设，积极

---

① 冯作文、周炫：《持续提质增效　担当社会责任——改革开放 40 年中国石油兰州石化公司发展综述》，http://gansu.gscn.com.cn/system/2018/09/17/012017090.shtml。

② 冯作文：《"十三五"，兰州石化稳中向好》，http://www.chinacpc.com.cn/info/2021-09-17/news_5653.html。

探索新能源转型发展，走上了与地方新能源产业融合，共建"石油摇篮"碧水蓝天的路子。"十三五"期间，玉门油田立项实施节能专项7个，投资8600多万元，节电3093万千瓦时，节蒸汽7.09万吨，伴生气11.33万立方米，新增节能能力1.8万吨标煤。[①] 玉门油田成为玉门工业经济发展的重要支柱产业之一。

长庆油田成立于1970年，生产区域位于横跨陕、甘、宁、内蒙古、晋五省（区）的鄂尔多斯盆地。经过近50年的发展积淀，已成为我国第一大油气田。2017年实现油气当量5315.68万吨，连续五年稳产在5000万吨以上。"十三五"末，长庆油田建成我国首个6000万吨级特大型油气田。"十四五"期间，长庆油田计划在陇东地区投资800亿元至1000亿元，力争2025年陇东年产油气当量达1200万吨。[②]

（二）油气产量

2010—2020年，甘肃原油产量总体呈现总量增加、增速减缓的趋势（见表6-1）。2010年，甘肃原油产量占生产总量的11.79%，约为546.06万吨标准煤。到2020年，甘肃在能源生产总量保持稳步增长的基础上，原油产量的占比亦逐年增加，达到20.57%，约为1384.23万吨标准煤，比2010年的两倍还多。2010—2020年，甘肃天然气生产总量较低，总体稳中求进，占能源生产总量的比重由0.28%提高至0.70%。具体而言，2006年之后受油气行业不景气因素影响，天然气产量低速运行，到2016年占比下降为0.24%。随着"煤改气"政策的推进，以及国家提出要加快清洁能源的替代利用，甘肃主要用气行业行情大幅改善，天然气需求量和产量快速增加，2017年、2018年产量有所回升。尤其是2019—2020年，天然气生产量占比从0.31%大幅增长一倍多，达到0.70%。

---

① 李赟：《玉门油田——中国石油工业的摇篮》，《甘肃日报》，2022年12月21日第11版。

② 王占东：《为加快建设幸福美好新甘肃贡献长庆力量——访中国石油长庆油田党委书记、执行董事何江川》，《甘肃日报》，2022年7月4日第3版。

表 6-1　2010—2020 年甘肃能源生产总量及构成表

年份	能源生产总量（万吨标准煤）	占能源生产总量的比重（%）			
		原煤	原油	天然气	一次电力及其他能源
2010	4631.59	68.37	11.79	0.28	19.56
2011	4884.56	64.64	14.70	0.22	20.45
2012	5362.84	60.29	16.77	0.31	22.63
2013	5538.21	55.48	18.32	0.25	25.95
2014	5926.50	54.64	18.61	0.27	26.48
2015	5816.78	52.02	20.14	0.27	27.57
2016	5667.42	51.86	20.20	0.24	27.70
2017	5749.10	45.20	20.55	0.39	33.86
2018	6107.42	40.76	20.11	0.48	38.65
2019	6394.63	39.53	20.19	0.31	39.97
2020	6729.39	39.17	20.57	0.70	39.56

注：数据来源于《甘肃发展年鉴（2021）》。

（三）油气消费量

表 6-2　2010—2020 年甘肃能源消费总量表

年份	能源消费总量（万吨标准煤）	占能源消费总量的比重（%）			
		原煤	原油	天然气	一次电力及其他能源
2010	5829.85	64.08	16.99	3.39	15.54
2011	6393.69	63.35	17.18	3.85	15.62
2012	6893.76	61.85	16.48	4.06	17.61
2013	7286.72	60.63	16.70	3.98	18.69
2014	7521.45	60.41	16.34	4.19	19.06
2015	7488.50	60.21	16.15	4.45	19.19
2016	7299.93	58.72	17.25	4.63	19.40
2017	7503.63	55.83	17.13	4.93	22.11
2018	7822.54	54.44	16.21	4.98	24.37
2019	7818.02	52.40	15.50	5.27	26.83

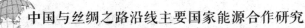

续表6-2

年份	能源消费总量（万吨标准煤）	占能源消费总量的比重（%）			
		原煤	原油	天然气	一次电力及其他能源
2020	8104.71	52.74	15.33	5.29	26.64

数据来源于《甘肃发展年鉴2021》。

近些年甘肃天然气消费量基本保持稳步增长，由2.76亿立方米增加到26.4亿立方米。相对煤炭、石油来说，天然气是一种较为清洁高效的化石能源，随着甘肃能源结构的转型升级和重点行业节能环保政策的实施，特别是天然气对煤炭的替代作用越来越明显，预计今后天然气消费在甘肃能源消费中所占的比重将会不断增大。

（四）固定资产投资情况

2001—2020年，甘肃石油及天然气开采业固定资产投资呈现"周期性波动，总体上升"的特点。2001—2003年，在西部大开发政策的驱动下，石油及天然气开采业的固定资产投资额逐年增加。2004年，国家调控经济过热，油气开采投资额出现下降。2005—2008年为新一轮投资高涨期，受国际金融危机影响，2008年以后绝对投资额及增速均出现下降。在国家大规模经济的刺激下，2011开始又出现反弹式增长。十八届三中全会奠定了经济从高速增长转向高质量发展的总基调，高耗能产业的发展受到抑制，因此石油及天然气开采业的固定资产投资从2014年开始逐年下降，至近年来才有所回升。

三、油气产业发展面临的主要问题

甘肃油气产业有着辉煌的历史，但随着经济社会发展，也面临着许多问题。

（一）石化产业与地方经济融合发展不够

计划经济时期，根据国家宏观布局的需要并依托本地资源形成的兰州石化、庆阳石化、玉门石化等企业大都隶属中央，缺少根植于本地区域经济的先天基因，导致这些重点的石化产业与地方经济发展脱节。石油化工产业作为甘肃工业的第一支柱产业，对地方经济的贡献主要体现在GDP的增速上，经营利润则上缴中央，地方实际得到的只有税收。甘肃石化工业大部分产品原料依靠省外供应，产品则主要销往西南和沿海地区，未能充分开拓本地市场以及提高与当地其他产业的关联度，导致企业对地方经济的影响较为有限。甘肃虽然拥有石油化工产业这样的增长极，但对甘肃经济的辐射带动作用较小。

（二）甘肃石化工业的发展压力明显

从产业发展宏观角度看，甘肃石化工业的发展压力较大。国内，国家新布局建成的上海、镇海、茂名、金陵、高桥、齐鲁等千万级的炼油基地对甘肃石化企业造成明显发展压力的优势成分。国外，世界500强石化企业，比如埃克森、英国石油、杜邦等大公司多在珠三角、长三角、环渤海地区等地投资建厂，甘肃石油化工产业的生存空间被进一步挤压。从产业链发展定位来看，甘肃石化产品附加值低，处于较低端的产业链。甘肃石化企业多以原材料和产品的初级加工为主，产品附加值低，加之原油价格持续攀升，企业利润空间小，发展形势较为紧迫。

（三）"双碳"目标导向下，企业面临不小的节能减排压力

石化产业属于资源消耗量大、废弃物排放量高的产业，生态环境保护和安全生产责任重大。而缺乏退出机制、节能减排项目资金不足、能源管理基础薄弱等长期以来存在的弊端导致淘汰落后产能的难度增大，石化产业改造升级步伐缓慢。

第二节 煤炭产业

一、煤炭产业发展历程

甘肃煤炭资源分布较广，储量相对集中，已经形成了七大产煤区，分别是东部的庆阳市（以正宁县、宁县、环县矿区为主）、平凉市（以华亭、崇信矿区为主），中部的兰州市（主要以窑街矿区为主）、白银市（主要以靖远矿区为主）、西部的武威市（以天祝矿区和民勤的西大窑、红沙岗矿区为主）、张掖市（以山丹矿区、肃南九条岭矿区、马营沟矿区为主）、酒泉市（以金塔紫山子矿区、肃北马鬃山矿区为主）。根据《甘肃发展年鉴（2021）》的数据，2020年甘肃省煤炭资源保有储量为268.3亿吨。

20世纪50—70年代，甘肃先后开发建设了阿干煤矿、山丹煤矿、九条岭煤矿、窑街煤矿、靖远煤田、华亭煤田，原煤年产量从新中国成立初期的

16.78 万吨迅速增长到 1978 年的 981.28 万吨，增长了近 60 倍。这一系列煤田的开发建设夯实了甘肃煤炭产业的发展基础，甘肃煤炭产业得以在煤矿数量、煤矿规模方面获得长足发展并迅速带动地方经济发展。

改革开放，尤其是 20 世纪 90 年代市场经济体制确立后，甘肃煤炭产业进一步迅速发展。1984 年，甘肃煤炭产量首次突破 1000 万吨，2002 年达到 2365.51 万吨，2011 年达到 4700 万吨。此后，国家加强了煤炭行业规范调整，甘肃进一步调整煤炭工业结构，安全生产和资源开发利用水平逐步提高。经过几十年的发展，甘肃煤炭工业的综合生产能力和安全生产水平迈上了崭新的台阶。

二、煤炭产业发展现状

近年来，甘肃省煤炭产业遵循绿色发展道路。一是通过关闭、整合、重组小型煤矿，煤炭资源整合优化。全省煤矿数量由 2005 年的 485 个下降到 2011 年的 289 个。二是重视投资，着力升级煤炭生产装备和技术水平。甘肃重点煤矿采煤机械化率为 100%，掘进机械化率为 70% 以上。大型煤炭企业斥资引进、开发洁净煤、煤矸石和瓦斯综合利用等先进技术，重视产业换代升级。三是探索循环绿色发展模式，坚决综合治理和改善生产环境，矿区生态环境得到逐步改善，重点矿区井水处理率达到 100%。总体看来，甘肃煤炭产业通过淘汰落后产能、集约生产和逐步实现现代化生产，行业发展已经步入绿色发展道路，原煤占能源生产总量的比重逐年下降，已经由 2010 年的 68.37% 下降为 2020 年的 39.17%。①

三、煤炭产业发展面临的主要问题

改革开放以来，甘肃煤炭工业虽然取得很大的发展，但是短板依然明显。

一是产品品种单一，附加值低，生产方式粗放。煤炭企业发展主动性不足、粗放式的生产经营模式难以适应市场经济发展要求，导致部分煤矿破产，影响区域经济社会发展。二是生态环境问题突出。随着几十年的煤炭开采，甘肃煤矿周边土地资源和生态环境受到不同程度的污染和影响，矿区水土流失、荒漠化现象、山地及丘陵发生山体滑落或泥石流现象、水土污染及供水紧张的生态环保问题时有发生，对当地的农业生产和人民生活造成较大影响。三是甘肃煤炭行业专业技术人才流失严重进而导致企业安全管理水平低，安全生产形

---

① 《甘肃发展年鉴（2021）》，http://60.16.24.131/CSYDMirror/area/Yearbook/Single/N2022010251?z=D28。

势严峻，自我完善、自我发展能力差，人才缺口亟待填补。四是能源消费结构不合理，煤炭依存度依然偏高。从煤炭消费结构看，一方面煤炭消费需求偏高，另一方面又面临煤炭产能不足的问题。在供需矛盾突出的情况下还要应对周边宁夏、陕西、新疆三省（区）的煤炭工业发展所带来的竞争压力，必然对甘肃煤炭企业造成冲击和挑战。

第三节　电力产业

一、电力产业发展历程

甘肃电力的历史可以追溯到清代末年，至今已有百余年时间。新中国成立前，甘肃省有兰州、天水、玉门、山丹四个小电厂，全部为火电机组，总装机容量约 2662 千瓦，实际发电为 1800 千瓦。

新中国成立后，从第一个五年计划开始，国家就将甘肃列为重点建设地区之一。第一个五年计划的火电建设以兰州为中心，历经了对遗留工程的续建和扩建，以第一座高温高压热电联产工程——西固热电厂的建成投产画上句号。从第二个五年计划开始，国家就规划了玉门油田、酒泉钢铁集团、四〇四矿区、金川镍都四个重工业基地，从而带动了甘肃西部地区火电的发展。水电建设方面，1958 年 9 月 27 日，盐锅峡、刘家峡水电厂同时开工建设。盐锅峡水电厂于 1961 年建成并网发电。刘家峡水电厂于 1975 年投产发电，技术不断完善，成为国内第一座百万千瓦级水电站。

改革开放后，甘肃省电力发展步伐加快。1999 年，全省火电总装机达到 360 万千瓦，火电比重占到 54.3%，初步形成了水火相济的良好格局。到 2008 年，全省电力工业已形成"水火为主，发展风电"为特点的发展格局，装机规模达到 1496 万千瓦。其中，水电装机 529.4 万千瓦，占比 35.4%；火电装机 906.9 万千瓦，占比 60.6%；风电装机 59.7 万千瓦，占比 4.0%。截至 2020 年底，全省电源装机容量 5620 万千瓦，全省发电量 1787 亿千瓦时。[①]

二、电力产业发展现状

电网建设方面，近年来，甘肃建成酒泉—湖南特高压直流工程。同时，哈

[①] 李明娟：《"双碳"行动助推甘肃新能源发展》，http://www.gsjb.com/system/2021/05/13/030333099.shtml。

密南—郑州、准东—皖南、青海—河南3条特高压直流工程过境甘肃；河西走廊750千伏第三通道建成，甘肃与陕西、青海、宁夏、新疆电网通过18回750千伏线路联网运行，其是西北电网功率交换和电力输送的枢纽，并通过早广线（早阳—广元）与四川联网运行，实现多省互济、大规模泛在互联。2021年，甘肃跨区跨省输电能力已达2930万千瓦[①]，甘肃电网已经成为西北电网的主要组成部分。

电力供应方面，随着经济社会的快速发展，甘肃电力供应量迅速增长。总装机容量从2010年的2075万千瓦增长到2016年的4825万千瓦。其中，非化石能源发电装机容量占比不断提升，发电结构持续优化。2016年，甘肃火电装机容量占总装机容量的41.5%，较2010年下降22.3个百分点；水电占比17.8%，较2010年下降11.7个百分点；风电占比25.4%，较2010年上升18.7个百分点。到2020年，甘肃电力生产量为1798.33亿千瓦时，其中水电、风电及其他发电生产量为886.4亿千瓦时，火电生产量为911.93千瓦时。

同时，电力在甘肃能源生产的比重亦逐年增加，一次电力及其他能源在当年能源生产总量的比重从2010年19.56%增长至2020年的39.56%。[②] 甘电外送20多个省（区、市），外送电量由2016年的145亿千瓦时跃升至2020年的520亿千瓦时，年均增速37.6%。其中新能源外送电量由2016年的66亿千瓦时跃升至2020年的148亿千瓦时，年均增速22.4%。[③]

三、风电产业发展现状

（一）风能资源概况

甘肃拥有较为丰富的风能资源。风能资源总储量为2.37亿千瓦，占全国总储量的7.3%；技术可开发量为2700万千瓦，占全国的10.6%；风能资源丰富区和季节可利用区的面积为17.66万平方千米，占全省总面积的39%；年平均风功率密度在150瓦/平方米及以上的区域占全省总面积的4%。

甘肃的风能资源主要集中在河西走廊。另外在张掖、武威、金昌、白银以

---

① 王旭辉：《甘肃：2020年新能源发电量同比增加9.35%，利用率突破95%》，https://news.solarbe.com/202101/27/334345.html。

② 《甘肃发展年鉴（2021）》，http://60.16.24.131/CSYDMirror/area/Yearbook/Single/N2022010251?z=D28。

③ 李明娟：《"双碳"行动助推甘肃新能源发展》，http://www.gsjb.com/system/2021/05/13/030333099.shtml。

及庆阳北部的部分地区，风电可装机密度可达到 2 兆瓦/平方米以上，个别地区甚至达到 4～5 兆瓦/平方米，也具备开发百万千瓦级以上大型风电场的条件。

（二）甘肃风电产业发展情况

甘肃风能资源富集。大力发展甘肃风电产业，无论是对甘肃，还是对全国的产业转型和经济高质量发展，都具有十分重要的意义。

甘肃风电产业起步较晚，但通过十几年的迅速发展，在我国风电产业布局中已占据重要的地位，为全国的能源结构调整做出了积极贡献。

1997 年 6 月，甘肃引进了几台丹麦小型风电机，开展了风电试验，随之拉开了甘肃发展风电产业发展的序幕。2001 年，国家提出了"西部大开发"构想以及"西电东送"目标。乘着这股东风，甘肃风电产业登上一个更广阔的舞台，开始跨越式发展。此后，甘肃于 2006 年提出建设"风电之都"的构想以及"建设河西风电基地，再造西部'陆上三峡'"的宏大目标。2008 年，国家发展改革委同意酒泉风电基地开展前期工作，要求按照年建成千万千瓦级风电基地的目标进行规划和布局。此后，甘肃发布了《甘肃酒泉千万千瓦级风电基地规划报告》。2009 年 8 月，酒泉风电基地建设正式启动，成为我国第一个开工建设的千万千瓦级风电基地。自"十二五"以来，甘肃不仅建成酒泉千万千瓦级风电基地，通渭百万千瓦级风电基地建设也初见成效。

截至 2020 年底，甘肃新能源（以风能和太阳能为主）装机占全省总装机的 41.9%，成为省内第一大电源。全省发电量 1787 亿千瓦时，新能源发电量占比 21.5%，远高于全国平均水平 9.5%，新能源利用率达到 95.28%。[①]

（三）风电装备制造水平不断提升

随着甘肃风电产业的快速发展和新增风电装机容量的迅速增加，风电设备整机和零部件的市场需求旺盛，风电装备制造增长势头良好。甘肃拥有兰州电机、天水星火机床等一批风力发电设备制造企业，拥有天水电气传动研究所、兰州理工大学风力机工程中心等一批科研院所，以此为依托，加强院企合作，在兰州、白银、酒泉等市规划建设了风电装备产业园。白银"中科宇能"风电叶片项目的兆瓦级风电叶片已经实现了本地化生产，兰州电机的兆瓦级风力发

---

① 李明娟：《"双碳"行动助推甘肃新能源发展》，http://www.gsjb.com/system/2021/05/13/030333099.shtml。

电机组研制及控制系统项目顺利落地实施。甘肃重视本地风电制造企业发展的同时，亦积极对外开放，先后引进了中复连众、金风、中材科技、华锐、中航惠腾、中科宇能等知名风电设备制造企业打造建设包括风机总装、叶片制造、风机机舱罩、轮毂、塔架等配套零部件的全链条生产项目。甘肃风电装备制造业水平不断提升，产业竞争力也逐步增强。

四、光伏产业发展现状

甘肃是全国第二大太阳能资源富集区，年日照小时数 1631～3391 小时，年太阳能总辐射量 4430～6370 兆焦/平方米，年太阳能总储量约 72 万亿千瓦时，太阳能开发利用潜力巨大。"十二五"期间，甘肃光伏装机容量和发电量年均分别增长 300.97％和 355.40％，远超全国平均增长速度。到"十三五"末，甘肃已经建成张掖、金昌、武威、酒泉四个百万千瓦级光伏发电基地。2020 年，甘肃光伏发电装机 981.55 万千瓦，同比增长 6.52％；光电发电量为 133.34 亿千瓦时，同比增长 12.57％。[①]

近年来，甘肃依托自身资源优势，不断重视太阳能等可再生能源的研发、利用，积极在发展中国家推广太阳能应用技术。甘肃也拥有了一批重点的太阳能科研院所，主要机构有国际太阳能技术促进转让中心和亚太地区太阳能研究与培训中心——甘肃自然能源研究所。

五、电力产业发展面临的主要问题

甘肃风电、光伏资源丰富，但电力产业高质量目标下依然存在诸多问题。一是电力生产结构和消费结构存在矛盾。地处西北的甘肃风电资源的消纳不足，如何将丰富的风能、太阳能电力资源输送至中东部地区并实现良好的经济效益，是重要课题。二是电力服务结构不健全，产业链发展不完善。风电设备和制造业虽然取得了成效，但缺乏核心技术，难以吸引高端技术专业人才，尚未形成紧密的产业链、统一的产业价值体系和完整的"产学研"体系。三是政策支持力度减弱，风电产业实际税率高。激励性的政策是甘肃风电产业发展的重要推手，但从政策支持效果和落实情况来看，甘肃风电产业存在政策落实不到位、政策支持力度减弱的情况。

---

① 卫韦华、王铭禹：《"风光大省"甘肃 开启新能源升级之路》，https://www.nea.gov.cn/2021-07/23/c_1310080005.htm。

第七章　提升甘肃能源产业合作的对策

　　能源是经济社会发展的战略要素之一，关系到世界各国的政治、经济、军事以及国家发展的方方面面。随着经济全球化的快速发展，自然环境逐渐恶化、能源资源逐渐枯竭的今天，能源作为各个国家的重要连接点之一，将会使各国的联系更加紧密，对各国战略政策的制定与国际关系的走向都具有重要意义。丝绸之路经济带建设构想的提出，成为我国西部地区对外开放的重要窗口和助力。同时，我国西北地区与中亚、东欧的多个国家接壤，是新亚欧大陆桥和我国与中亚、西亚、东欧交流合作的战略通道，能源资源储量大、种类齐全、质量高，并且在能源中的互补性极强。这些都为丝绸之路经济带建设中的能源合作奠定了坚实的基础。

　　甘肃作为丝绸之路经济带向西开放建设的重要门户和次区域合作战略基地，是贯通我国内地通往中西亚及欧洲的重要交通枢纽和运输通道，是丝绸之路的"黄金通道"和国家向西开放的重要平台。[①] 能源合作是丝绸之路经济带向西开放的重要内容，也是甘肃区域经济合作的主要内容，虽然沿线各国和地区的社会经济发展程度各不相同，但能源资源非常丰富且各具特点，有较强的互补性，在能源合作方面具有迫切的需求、较大的合作潜力和发展空间。与甘肃毗邻的中西亚国家拥有丰富的石油、天然气资源，甘肃与之开展能源合作有利于丝绸之路经济带向西开放中的通道建设，同时能缓解我国紧张的能源局势，维护国家的能源安全。所以，甘肃在与中西亚国家能源合作中的战略地位越来越突出。对于中西亚国家来说，在与我国进行能源合作的同时，不仅可以获得巨大的经济收益，提升国家的经济发展水平，还可以利用我国强大的资金与技术保障，实现对能源资源的勘探开发、基础设施建设等。因此，开展友好的能源合作是互利共赢的明智之举，是提升全面战略伙伴关系的有力途径。

---

　　① 武翠芳、赵琦、易海迎等：《基于 GIS 技术的甘肃区位优势度分析》，《冰川冻土》，2017 年第 6 期，第 1365 页。

甘肃应充分利用国内外两种资源、两个市场,在保护环境的前提下,紧紧围绕我国的能源发展规划,依托自身的能源资源禀赋、地缘输送便捷条件和现有的产业基础,在煤炭、石油、天然气、太阳能、风能、水能、核能及核燃料、电力资源的勘探开发、转化和配套等基础设施建设,能源生产、加工转化和外送基地以及资源的优化配置等领域继续深化能源合作。根据国家和地区探索不同的合作模式,不但可对甘肃的能源资源进行优化配置,而且可拓展甘肃全方位开放的新格局。

第一节　完善能源产业合作交流机制

充分利用上海合作组织(SCO)等区域合作组织及优惠贸易协定,加强同西北五省区之间的能源合作开发,力争建立"西北五省区——中西亚国家能源自由贸易区",以推动同中西亚国家的能源贸易合作与发展。

一、加强政府间交流与协调

地方政府在向西开放建设的能源合作中扮演着重要而特殊的角色。能源合作项目作为各方政府搭建的平台,不但可为各个能源企业提供协商交流平台,而且可为各方政府出面解决问题提供一系列的服务站点,能有效提高能源合作项目的进展效率,降低其时间成本和资金成本,更能深化双方互信,还可为进一步扩大能源合作领域奠定良好的基础。甘肃应与西北五省区建立良好的、多层次联合的协调、共享的合作机制,整合双方的能源资源,实现优势互补,共同发展。要充分利用甘肃的经济技术合作协会,为企业提供信息咨询、市场机会、人才培训等服务;同时,建立西北五省区的经贸合作组织,便于在相互投资、市场分享、运输、合作对外投资方面制定互利、互惠条约和运行准则,将西北五省区的大中型能源企业的企业家组织起来,组成西北企业家俱乐部,再将西北五省区的社会科学界理论政策研究部门以及专家组织起来,共同研究、探讨向西开放的能源合作问题,为甘肃的政府决策服务,为甘肃的企业发展服务。1993年9月,西北五省区在乌鲁木齐召开了首届协作会议,提出了"共建大通道,联合走西口"的开放思路,力图提高整个西北地区的对外开放水平,进而促进西北地区的各项发展。然而进展缓慢,实践中遇到了很多的问题。因此,甘肃要建立西北五省区"联合走西口"工作沟通协调机制,加强交通、检疫、公安、工商税务、海关等部门之间的信息交流与协商互动,建立跨省区的协调机构，形成以具体项目为中心的协调机制，推进一体化网络办公模式，为政府、企业提供一个良好的协商、沟通和快速解决方案，为甘肃向西开放建设疏通国内通道。

二、强化企业间的合作交流

2015 年 6 月，西北五省区的工商联负责人及民营企业家在青海西宁共聚一堂商讨能源合作事宜，共享丝绸之路经济带的发展新机遇。甘肃应进一步发挥自身的能源资源优势，建立丝绸之路经济带能源合作企业家论坛和俱乐部；发挥民间商会、协会的作用，定期组织个体、民营企业与西北五省区企业进行能源产业对接，开展对外交流，共同参加各省商品展会及经贸洽谈会，开拓能源交易市场。甘肃要将西北五省区企业组织起来，联合开展能源投资，共同建设口岸经济开发区、出口加工区，共同开展境外投资。同时，西北五省区联合建立电子信息共享平台，集中整理和对外发布产业布局、市场环境、法律法规等相关信息，并逐步开设办事处，提供政策咨询支持和国别贸易投资环境报告，为西北五省区以及国外企业提供更大的平台和视野。

为进一步整合资源，加速融入丝绸之路经济带，甘肃要在明确自身功能定位的基础上突破行政区域的制约与限制，与西北五省区合力完善交通、物流、通信等基础设施建设，建立跨区域能源合作区；通过组织西北五省区所属商会、异地商会、民营企业的学习交流活动，了解新发展、新变化，在资源、信息、管理、人才等方面实现互惠合作。同时，甘肃能源企业要不断提高自己的竞争能力，尤其是在科技创新方面。企业要加大投入研发、科研资金，提高科技创新能力和知识吸收能力方面的水平。针对中西亚国家的能源合作和市场开发情况，甘肃能源企业要加强人才引进和培养的工作，尤其是国际投资、法律、项目管理和技术建设方面的专业人才。这是甘肃能源企业融入并开拓中西亚国家能源市场的关键和长期对外合作的保障。

三、调整产业结构

甘肃应从自身特点、所处地理位置、潜在能源资源优势等方面出发，以市场为导向，围绕供给侧结构性调整、能源企业转型升级，积极培育新的发展动能；充分利用兰州石化、玉门油田、长庆油田等一批大型工业企业的产业规模、竞争力、市场份额等现有优势，继续探索如何在更高层次上发挥能源资源优势，通过采取高新技术和先进适用技术，加大对石油钻采、炼化及其深加工的技术改造的提升力度，推动产品更新换代和工业优化升级；继续发挥劳动密集型产业的竞争优势，调整优化产品结构、企业组织结构和产业布局，延伸产业链，提高企业核心竞争力，把兰州逐步建成西北乃至全国重要的综合性石化基地。

甘肃风电、太阳能发电等可再生能源资源丰富，但新能源利用比例仍然处于较低水平，尚未形成多元化、合理化的能源结构和消费模式。因此，甘肃能源建设要结合自身特色，将水电、火电有效结合，加快城乡电网改造和建设，积极开发天然气、水能、太阳能、风能等新型清洁能源，建立合理的多元化能源体系；加强新能源开发利用的科学研究，力争在太阳能、风能等能源资源的开发利用上有突破性进展。

四、召开区域能源合作论坛

甘肃应协商推动西北五省区定期召开西北能源合作论坛，通过能源资源和力量的整合配置，坚持创新性发展、通力协作、互惠共赢，在创新研究、人才培养、成果交流等方面开展全方位的交流与合作，形成能源合作的长效机制。

第二节　提高甘肃能源产业的竞争力

甘肃在丝绸之路经济带建设中已经开展了一系列的能源合作，这为开展与向西开放建设沿线国家的能源合作提供了物质基础，但丝绸之路经济带沿线国家数量众多，甘肃面临着文化、政治等多方面的冲突。因此，在区域能源合作中，甘肃要充分认识到各国能源合作的基础与风险，做好相应的风险预估工作，抓住当前的有利形势，加快甘肃区域能源合作的进程。

一、优化顶层设计，加强制度保障

甘肃在向西开放总体布局下与中西亚各国的能源合作中取得了明显成效，但也遇到诸多前所未有的新问题、新情况，要尽快完善政策体系与法律法规，积极推进制度创新，营造良好的环境。甘肃要进一步加强顶层设计，分析中西亚国家的外贸法规、政策等（如财政、税收、金融、信息平台、公共产品、监管、技术、舆论、政府信誉、产业、投资、创新、土地、人口政策）的特点，深入剖析甘肃在向西开放建设中遇到的新情况、新问题，对不适应向西开放建设的法规条文进行调整和修正，以向西开放建设沿线国家的市场需求为导向制定能源合作与开发的总体规划，重点在产业布局、招商引资、创造良好区域环境上发挥作用。[①]

第一，加强政策引导。加强与向西开放沿线国家在法律法规、相关政策上的交流、对接，以促进交往便利化和提升效率为目标，删繁就简，重在实效，真正突破影响甘肃向西开放建设的法律政策瓶颈。[②] 同时，甘肃政府要发挥主导作用，采取税收减免优惠、提供政府性基金支持、开放和引导社会资本广泛投入等政策激励措施和办法，降低企业入驻门槛，鼓励能源企业、大学和科研机构间的合作，加大银行业对能源企业的信贷额度，引导甘肃能源企业积极参与中西亚能源产业合作，实现能源技术的进一步开发与创新。

第二，规划产业布局。要继续将太阳能光伏产业和风电产业作为重点发展对象，加大投资和政策的倾斜力度，明确产能过剩中存在的短期、中期和长期发展问题，规范行业技术和管理标准，在行业发展方向上进行详细规划和布局。[③]

第三，优化资源配置。通过招商引资、减免税收等优惠政策措施，促进资金、技术、人力、信息等各种资源由中西亚各国向甘肃能源产业流动，并引导有一定实力的能源企业嫁接外资，兴办一批能源合资企业，推进区域内企业与国际市场接轨，突破块状经济的局限性，通过整合两种资源、利用两个市场，实现服务平台的共建共享。

第四，重视环境保护。在能源发展和合作中实现环境保护和经济可持续发展，把支持洁净煤技术的开发应用作为一项重要的战略任务，采取多种有效措施，减少环境污染，促进人与自然的和谐发展。

二、加大甘肃向西开放力度

甘肃应在西部大开发和丝绸之路经济带向西开放建设的推动下加大向西开放的力度，充分发挥丝绸之路经济带的地域优势，以中国—阿拉伯国家博览会为平台，通过建设国际咨询服务机构，帮助中外企业相互了解对方的风土人情、市场环境、法律法规，做到信息充分流动，加强与中西亚、俄罗斯以及欧洲等国家和地区的能源资源往来，形成向西开放新格局。2016 年，甘肃成功

---

①　安林瑞、朱柏萍、张莎莎：《向西开放背景下丝绸之路经济带甘肃黄金段建设的路径选择》，《环球市场信息导报》，2017 年第 2 期，第 67 页。

②　冶红英：《基于 SWOT 分析的甘肃新能源产业集群创新模式研究》，《商业经济》，2014 年第 24 期，第 56 页。

③　苏华、李雅：《向西开放战略下西北区域特色经济的发展思路》，《经济纵横》，2016 年第 3 期，第 76 页。

举办首届我国西部国际产能合作论坛暨企业对接洽谈会、第六届（甘肃）新能源国际博览会等。截至 2017 年，甘肃已与向西开放沿线的 16 个国家开展实质性的产能合作，对外投资合作项目达到 54 个。

甘肃应抓住这一有利时机，利用自己巨大的市场潜力、丰富的能源资源、廉价的土地和劳动力吸纳相关先进技术，推动本省企业的技术改造和设备更新升级，提高能源产业及产品的科技含量和市场竞争力；同时与向西开放沿线国家和地区之间共同商议，建立多层次、多形式的经济与技术合作，以降低贸易的成本，增大彼此贸易间的流通量，推进自由贸易合作，最大限度地促进贸易友好合作关系，以提高甘肃向西开放、对外开放的水平。另外，甘肃应扩大向西的出口规模，提升经济增长力度。甘肃与向西开放沿线国家均有深厚的能源资源禀赋和相似的宗教信仰、民俗习惯，具有较大的发展潜力。[1] 甘肃要以我国内地丰厚的科学技术、经济资源、人力资源为基础，以丝绸之路经济带为方向，大力向西拓展，增加出口贸易额，优化发展出口产品结构，在对外贸易中发挥甘肃向西发展的最大优势，扩大甘肃产业的发展领域，提升增长幅度，进而达到促进甘肃经济增长的目的。

中亚地区已成为我国的核心利益区，是我国西北边疆的安全屏障、经贸和能源战略合作的伙伴。[2] 同时，中亚也已成为我国对外开放和对外投资的重点地区。我国对哈萨克斯坦的投资额已经超过 200 亿美元，各类形式的金融信贷超过 300 亿美元，在哈萨克斯坦注册的各类企业达 3000 家，哈萨克斯坦已成为我国在海外的第三大投资目的地国；我国对乌兹别克斯坦的投资额也达到 40 亿美元，我国已成该国第一大投资国。我国对土库曼斯坦、吉尔吉斯斯坦和塔吉克斯坦的投资也越来越多。我国的投资已经成为中亚国家经济发展的重要推动力量。但以甘肃所占的比重来看，则是微乎其微，可见西部地区与中亚地区的经济合作前景广阔。加强城市间的人文经贸交流，特别是与阿拉木图、阿斯塔纳、阿什哈巴德、杜尚别、塔什干、比什凯克等中亚重要城市的交流交往，要进一步扩大贸易规模，优化贸易结构。这符合两国政府和人民的共同期待，也是丝绸之路经济带建设的应有之义。

三、完善甘肃能源产业链

甘肃在开发省内煤炭、石油、天然气和向中西亚进口石油、天然气的同

---

[1] 甘肃行政学院课题组：《全面提升甘肃向西开放的水平》，《发展》，2016 年第 9 期，第 28 页。

[2] 曹李海：《丝绸之路经济带甘肃全面开放与融合发展的路径分析》，《克拉玛依学刊》，2016 年第 1 期，第 39 页。

时，要做大做强能源产业下游产品的深加工。这一方面可以完善甘肃能源产业链，另一方面可以加强能源产业对甘肃区域经济发展的促进作用。[①] 对煤炭、石油、天然气进行深加工，让能源资源就地转化升值，尽可能延伸能源产业链，形成精细化工、新材料等石化下游产品产业集群，有利于应对油价、油气产量的不确定性带来的风险和挑战。甘肃要发挥区位优势以发展双向贸易，利用煤炭、石油、天然气的深加工产品供给国内需求，逐步开展技术创新，发展成我国的能源精加工基地。[②] 由于中西亚国家同样面临着能源产业链的下游产品不够发达、技术缺乏的问题，甘肃可转变发展思路，利用我国强大的技术支持探索能源的深加工产业，逐步成为中亚的能源加工基地，向中西亚市场出口附加值高的深加工产品。这也有利于深化甘肃地区与中西亚国家的贸易合作。大力发展能源深加工产业，不仅要靠中国石油天然气集团、中国石油化工集团等资金和技术雄厚的国有大企业，还要发展中小民营企业。

四、推进战略性能源基地建设

在陇东地区重点建设我国大型煤炭、煤电化基地和传统能源综合利用示范基地，提高庆阳石化原油就地加工转化能力。[③] 依托庆阳长庆油田丰富的石油、煤炭、天然气资源，提升石油炼制能力和水平，发展石油深加工产品，推动工程塑料、聚氨酯、聚酯和精细化工等产品产业带的发展。加快陇东西峰、华池、镇远以及环县等油田勘探开发步伐。利用平凉能源"金三角"的优势，加强煤炭资源勘探和开发利用。按照"煤、电、化、材"一体化开发的思路，加快宁正、沙井子、甜水堡、宁中、华亭等大型矿区建设，实施煤电化联营，逐步建成亿吨级煤炭、千万千瓦级煤电等国家大型煤炭生产基地。[④] 推动煤炭产业链的延伸发展，实施煤电联营，加快能源运输网络建设。促进正宁、环县、宁县煤电一体化发展。有序发展煤化工产业，规模化开发利用煤层气。推进庆阳长庆桥、平凉华亭和崆峒产业聚集区建设。加大对宁县中部、合水南部、环县西部、灵台、泾川等区域煤炭资源勘查的政策支持力度。

在河西走廊生态经济带重点发展新能源及新能源装备制造产业，打造新能

---

①　朱智文、杨洁：《共建丝绸之路经济带与西北地区向西开放战略选择》，《甘肃社会科学》，2015年第5期，第193197页。

②　周婧：《提升甘肃产业竞争力的路径选择》，《财会研究》，2014年第10期，第75页。

③　王建民：《关于甘肃陇东能源区经济实现可持续发展的问题研究》，《西部经济管理论坛》，2016年第3期，第17页。

④　张爱儒、丁绪辉、高新才：《打造"丝绸之路经济带"黄金段的战略思考——以甘肃为例》，《青海民族研究》，2015第2期，第100页。

源开发利用示范区，在破解新能源发展困局的同时，与各个国家和地区联合开展全球能源互联网重大问题研究、关键技术研发和示范工程建设，为甘肃能源互联网发展探索道路、积累经验、提供示范。①

　　建设以酒（泉）嘉（峪关）地区为中心的风电示范基地、以敦煌为重点的太阳能发电示范基地，开展风能资源观测评估和太阳能资源开发利用工作，推进风光互补、光热发电、风光储一体化等项目建设的合作，将甘肃建设成我国重要的风能、太阳能光伏产品生产基地。② 支持大型风电制造企业在酒泉建设风电装备生产基地，支持建设数字风机设备和太阳能光伏、光热产品研发制造基地。适时发展核电，实现风电、太阳能发电、核电互补，加快太阳能光热光电技术、浅层地能热泵技术在建筑中的应用。③ 加快发展新能源装备制造业，建设西北省区间输变电智能电网，优化输变电路径，为新疆、青海、内蒙古地区的电力输送开辟便捷通道。④ 在借鉴、吸收往届酒泉国际新能源博览会成功经验的基础上，以"展览促进宣传，项目促进招商"等多种形式，在丰富国际新能源博览会内容的同时，进一步扩大交流范围，把展览会办成酒泉市的一个品牌节会，把酒泉市打造为新能源产业研发、生产、示范、应用为一体的战略高地。另外，甘肃与中西亚国家在可再生能源合作开发、输送技术等方面上能够实现优势互补。⑤

五、提升可再生能源合作水平

　　甘肃与中西亚国家和地区的自然条件相近，同处于北半球风带，日照时间长，最适合开发风能、太阳能等可再生能源。但是目前甘肃与中西亚国家和地区的可再生能源合作程度不深。这主要是因为一方面中西亚各国对太阳能、风能资源的开发利用还处于起步阶段，技术还不够成熟，不足以在实践中运用；另一方面甘肃虽然在可再生能源领域发展迅速，但在技术领域与欧美等发达国

　　① 王克振、王飞航、王正军：《甘肃新能源发展战略研究》，《中国基础科学》，2010年第4期，第60页。
　　② 闫铭：《丝绸之路经济带背景下河西走廊区域发展的路径选择》，《新丝路》，2015年第18期，第30页。
　　③ 吕涛、聂锐、刘玥：《西部能源开发利用中的产业联动战略研究》，《资源科学》，2010年第7期，第1236页。
　　④ 王艳华：《基于SWOT分析的河西走廊新能源产业发展对策研究》，《全国流通经济》，2014年第12期，第19页。
　　⑤ 王晓梅：《酒泉市在打造丝绸之路经济带"黄金段"重要节点城市的SWOT分析》，《兰州工业学院学报》，2015年第4期，第97页。

家相比还有一定的差距。甘肃应借助建设平台，规划可再生能源发展的中长期目标，吸收和借鉴西方发达国家在先进管理和技术创新方面的经验，促进与中西亚国家开展可再生能源开发、利用、合作与交流。这将有利于把甘肃打造成贯穿丝绸之路经济带的"能源大通道"。①

甘肃与中西亚国家开展可再生能源合作，不但可以利用自身优势，将本省能源企业的产业开拓到中西亚能源市场，以帮助中西亚国家发展可再生能源，而且可以在响应习近平总书记提出的生态文明建设的同时，提高可再生能源的消费比重，保护甘肃的生态环境。中西亚国家可再生能源开发利用水平的提高，不仅有利于国际能源结构的优化，还有利于深化甘肃与中西亚国家之间丝绸之路经济带和"能源大通道"的建设。

甘肃要通过政府对企业在技术创新方面给予资金和政策大力支持、培养可再生能源领域技术人才、提高可再生能源领域劳动力就业素质、完善可再生能源相配套的供电能效服务体系、做好政策和法律保障以及环保宣传工作等措施，在清洁能源合作中提高清洁煤技术开发水平，加大天然气勘探力度，扩大技术成熟的可再生能源产业合作，解决可再生能源和清洁能源并网难的问题，增加风力、光伏发电的并网占比，将信息手段与清洁能源和可再生能源开发利用相结合，推进可再生能源产业化发展进程，从而走出一条与中西亚国家可持续发展的绿色能源合作道路。

第三节　积极推进国际能源产业合作

一、拓展能源合作渠道

甘肃位于新亚欧大陆桥的中间地带，与向西开放沿线国家和地区（新疆、中西亚等）在能源资源结构上存在极强的内质同一性问题。甘肃应该认真分析各国家和地区的比较优势，同向西开放沿线国家和地区建立一种多样化、多层次的合作渠道，实现能源资源合作的优化配置。②

一方面，在开展现有能源合作的基础上，拓展其他领域的合作。在丝绸之

---

① 张有贤、蔡敏琦、付文杰：《甘肃中长期能源发展战略构想》，《开发研究》，2007 年第 3 期，第 89 页。

② 杨立勋、苏文龙：《丝绸之路经济带甘肃段经济发展切入点探索》，《兰州文理学院学报（社会科学版）》，2015 年第 2 期，第 34 页。

路经济带建设框架下，要鼓励能源企业积极参加中西亚国家经贸论坛会、博览会、洽谈会等沟通交流平台，以项目为龙头牵动能源领域的务实合作，主动开拓国际市场，培育一系列具有甘肃特色的品牌产品，扩大能源合作的贸易量[①]，发挥其示范效应。将白银集团、兰州石化等省内大型能源企业作为向西开放建设中能源合作的"先行军"，把能源的开采技术、冶炼技术、提纯技术、转化技术、生态保护技术等作为重点合作内容。

另一方面，以上海合作组织、东北亚能源合作等区域合作组织及优惠贸易协定为平台，以外向型能源产业为支撑，加快建立面向中西亚国家的进出口能源生产基地，也就是能源交易所，增强双方在经贸往来中的互补性与产品竞争性，调整、优化进出口产品结构，促进贸易的双向增长。[②] 同时，加强国内与国际两个能源市场的联系，将兰州等节点城市作为加工贸易梯度转移的重点承接地区，大力发展保税加工、保税物流，建立面向中西亚国家开放的海关特殊监管区域，促进能源贸易的发展。[③] 进一步深化与新疆的能源联系与合作，发展边境贸易和转口贸易。

二、探索能源合作模式

甘肃要在现有能源合作机制和平台的基础上，充分发掘现有能源合作机制的作用和潜力，形成适合甘肃特色和需要的国际能源合作模式。

中亚地区是位于丝绸之路经济带上全球能源主要供应地，原油与天然气资源非常丰富。甘肃与中亚地区的能源合作主要在天然气与石油方面，与之开展合作的国家主要有乌兹别克斯坦、哈萨克斯坦与土库曼斯坦等。但中亚各国的经济发展水平相对落后，自然环境比较脆弱，交通设施落后，缺乏必要的海上运输设备和通道，使中亚国家的能源出口面临着诸多问题。因此，甘肃应着眼于整个中亚地区的国家，依据不同国家和地区能源的国内外市场、进出口贸易情况，分门别类地制定针对不同国家和地区的能源合作政策与模式。[④]

与此同时，考虑到有一些中亚国家在安全稳定、市场建设、互补程度等方

---

① 黄福江、高志刚：《中国在中亚能源合作中的战略定位及策略选择》，《石河子大学学报（哲学社会科学版）》，2016 年第 3 期，第 82 页。

② 张玉清：《"一带一路"能源合作模式探讨——以中巴经济走廊能源项目为例》，《国际石油经济》，2017 年第 12 期，第 13 页。

③ 甘肃行政学院课题组：《"一带一路"倡议下甘肃加快推进向西开放的路径选择》，《发展》，2016 年第 10 期，第 15 页。

④ 姜安印、刘博、黄洁：《"一带一路"背景下中国—中亚能源合作研究述要》，《贵州省党校学报》，2017 年第 1 期，第 63 页。

面的差异，甘肃还应该有所侧重地选择能源合作对象，做到广泛覆盖、重点突出，与那些政治稳定性高、市场机制健全、能源互补性强的国家开展并深化能源合作。① 甘肃一方面要充分发挥与中亚地区的地缘优势，积极开展与中亚国家的能源合作项目，帮助其实现能源出口，发展经济；另一方面要充分利用自身在农业、制造业等方面的比较优势，争取我国更多的援外项目，加强与中亚地区的合作交流、实用技术培训，在开展互利互惠合作的同时，不断加强能源合作力度。②

西亚地区的能源资源最为富集，是丝绸之路经济带向西开放建设中能源合作的重点区域。甘肃在西亚地区已经开展了多年的能源合作，与沙特阿拉伯等国一直保持着稳定、友好的能源合作关系，成果丰硕，但因西亚国家特殊的宗教与政局的变化有一定程度的影响，将来甘肃与这些国家能源合作的不确定性可能会增加。因此，甘肃在推进丝绸之路经济带向西开放建设过程中，要进一步加强与沙特阿拉伯、阿联酋等政局相对稳定的国家的能源合作，要对伊拉克等国家进行风险评估，以寻找相对稳定的合作领域。

甘肃应不断探索与西亚地区的能源合作方向，利用沙特阿拉伯向我国石油公司开放下游石油部门的有利时机，合作开办炼油厂，不断扩展投资企业的规模，鼓励本省企业进驻沙特开展勘探钻井工作，在强化基础设施建设、设备和技术服务等方面合作的基础上，不断加大对油气技术的开发与投资力度，进一步拓宽与沙特阿拉伯、伊朗等西亚主要石油输出国的油气工程建设、原油炼化等技术领域的合作空间。沙特阿拉伯油气资源丰富，但太阳能、核能等技术缺乏，因此，在新能源领域，甘肃与沙特阿拉伯可采取"工程换资源"的模式开展太阳能、核能等新能源领域合作，主要由我国国家部门牵头，甘肃积极与沙特阿拉伯磋商，签署战略框架，对接合作协议，然后联合相关机构共同制定适合双方的能源合作方案。③④ 对于像伊朗这样电力基础设施比较薄弱的国家，甘肃可以采用合同能源管理（EPC）模式，在太阳能、风能、生物质能等领域开展项目合作，还可以在油气项目工程建设、油气工程技术服务及支持冶金行

---

① 王树亮：《甘肃嵌入丝绸之路经济带面向中亚开放的战略思考》，《新丝路》，2015 年第 8 期，第 38 页。

② 何周理：《"一带一路"建设下中国区域能源合作路径探析》，《改革与战略》，2017 第 12 期，第 97 页。

③ 蒋钦云、梁琦：《沙特谋求经济转型的启示及中沙能源合作建议》，《宏观经济研究》，2016 年第 1 期，第 160 页。

④ 陈沫：《"一带一路"能源合作的支点：中国与沙特》，《海外投资与出口信贷》，2017 年第 2 期，第 34 页。

业发展的炼焦煤开采等领域进行合作。① 借助以色列在新能源方面掌握的技术，在新能源等方面拓展合作范围。与阿联酋在新能源、油气勘探等项目上开展项目合作与对接，建立长期、稳定的能源战略合作关系。对俄罗斯等资源丰富、电力市场潜力小的国家，可以采用"购买产能"的模式进行合作。

三、构建能源合作机制

（一）加强能源对话，扩大能源外交

能源多样性、市场效率和灵活性是能源长期安全的基本条件。形成不同能源类别和层次的定期会晤，搭建各方参与的常设机制，有益于探讨和决定丝绸之路经济带沿线国家和地区能源合作与发展的重大问题。通过与向西开放沿线国家和地区政府间、能源企业间能源合作的常态性高层互访与对话交流，形成开放、包容、和谐的能源合作环境，逐步建立和完善各领域的沟通与磋商机制，包括政治协调、政策沟通、消除贸易壁垒、基础设施互联互通、加强金融制度建设、人文领域交流等能源合作的方方面面，有助于推进政府与企业的具体项目的落地实施。

在此背景下，加强双方关于能源安全的理念并达成共识，能够有效降低因能源安全认知差异而衍生的能源政策风险，推动甘肃与中西亚国家在能源合作领域的务实进程。以此为基础，甘肃还应该充分利用丝绸之路经济带建设和上海合作组织、中亚区域经济合作（CAREC）的号召力，不断深化多边战略合作伙伴关系，积极扩大能源外交。加强与中西亚国家睦邻友好的能源合作关系，与之签订并完善有关投资保护、司法协助、双重征税规避等高层政府间双边协定，最大限度避免因其内部能源政策波动和更迭带来的损失。

甘肃应大力推进与西北五省区、中西亚国家的政治、经济、人文交流，依托丝绸之路经济带的优势和引领带动作用，深化同西北五省区、中西亚国家的能源互补性交流，增强彼此的信任与依托属性，建立可持续发展的、友好的战略伙伴关系，在有序推进油气资源合作的同时，避免参与到中西亚地区的能源竞争战中。

（二）完善能源金融体系

随着丝绸之路经济带向西开放建设的稳步推进，向西开放沿线国家和地区

---

① 陆瑾：《"一带一路"视角下中国与伊朗的经济合作》，《阿拉伯世界研究》，2016 年第 1 期，第 21 页。

的能源往来不断扩大，其金融服务范围进一步增长，人民币发挥了越来越重要的作用。特别是能源合作所涉及的金融资本流动量大，如基础设施建设、能源勘探与开发、能源贸易等方面都需要大量的资金流通，这些都为人民币的国际化进程提供了平台和基础。[①] 因此，甘肃应结合与丝绸之路经济带向西开放沿线国家的能源贸易、投资和对外承包工程等，积极争取国家支持，引导企业用足、用好人民币结算投资、跨境双向人民币资金池等政策，不断完善向西开放建设中个性化、多元化、专业化的金融服务功能。[②]

据统计，2014 年我国从俄罗斯进口的原油首次使用人民币进行结算。随后，伊朗与我国开展的石油贸易也使用人民币结算。人民币的国际化有利于进一步提高我国经济的全球影响力，增强我国的经济实力，可为能源合作提供有效支撑。同时，甘肃应加大海外投资项目的融资支持，在合作基金、共享金融平台担保的基础上，利用出口信贷、内保外贷等较低成本的融资方式，降低企业海外能源合作项目的投融资成本；鼓励本省企业与丝绸之路经济带向西开放沿线国家的能源公司建立全面的战略合作关系，通过产业合作基金、参股国外能源公司等多种方式，促进金融与能源产业的深度融合，发挥亚洲基础设施投资银行、金砖国家新开发银行、丝路基金等丝绸之路经济带投融资平台的作用。另外，要强化能源金融产品研发投资力度，引导民间资本进入能源开采和提高能源生产效率研发领域。[③]

（三）完善信息平台建设

甘肃要积极筹划设立针对中西亚国家的能源资源交易平台，依托丝绸之路经济带建设下甘肃与中西亚国家的区位、地缘、能源资源、人文等优势，将甘肃与中西亚国家以能源产业为纽带的生产、流通、交易、物流、资金结算等合作过程的有机衔接，形成完善的能源资源交易信息网络平台，实现信息资源共享。通过对中西亚国家的政治经济、社会文化、市场需求、地理发展状况、能源资源等领域进行充分的调研，可在能源的勘探、开采、加工、储运、购销等方面提供准确可靠的参考资料，从而为甘肃与中西亚国家能源合作提供信息支

---

①　田泽、丁晋玲、汪佑德：《"一带一路"建设下中哈能源投资与合作研究》，《广西财经学院学报》，2018 年第 2 期，第 39 页。

②　王淑珍、王会昌、程丽峰：《"一带一路"倡议下的经贸合作及金融支持研究——基于甘肃的分析》，《甘肃金融》，2017 年第 4 期，第 16 页。

③　王晓芳、于江波：《丝绸之路经济带人民币流通的实际情境与相机抉择》，《改革》，2014 年第 12 期，第 96 页。

撑与决策依据，制定符合实际的规划与战略。同时，甘肃应成立由政府主导、企业及科研机构广泛参与的中西亚国家能源信息研究机构，保证能源合作信息平台的顺利运行和不断完善，增强共建丝绸之路经济带的合力。[1]

（四）明确能源相关法律规范

积极分析中西亚国家能源、投资、外贸法规的特点，针对自身情况，建立起面向中西亚国家的完善的能源领域、投资领域的法律法规和制度，加强双方的法律协商沟通，不断规范双方的贸易行为，以健全的法律平台推进双方能源合作向更广领域、更深层次发展。[2][3]

（五）发掘能源合作潜力

甘肃应强化在现有能源合作机制和平台上的质量和规模，联合我国西北五省区以及向西开放沿线国家逐步对相对独立的次地区合作平台加以整合和塑造，不断创新机制和形式，促进投资贸易便利化，最终形成适合本省特点和需要的能源合作机制。

甘肃位于我国西北内陆地区，由于地缘政治的关系，与中西亚国家在民族往来、文化交流等方面有着天然的联系，而且甘肃与这些国家的资源禀赋各有优势和特色，并都处于经济结构转型调整阶段，在市场需求等方面具有很强的互补性。因此，甘肃可以通过创新形式和机制等诸多举措，逐步推进双边或多边机制下的经贸往来，不断消除贸易与投资壁垒，将开展便利化的贸易和投资作为区域内各利益方的共同价值追求和利益诉求。[4] 具体就是，在提升合作层次、扩大合作领域的基础上，着重在海关、质检、人员流动等方面推动便利化；探索建立自由贸易区战略，进一步深化同巴基斯坦、印度、阿拉伯等国自由贸易区建设的研究工作，不断强化能源合作，致力于打造丝绸之路经济带区域内共同合作的贸易流、产业带、联通网、人文圈。

---

[1] 余晓钟、辜穗：《新疆—中亚丝绸之路经济带能源合作战略研究》，《深圳大学学报（人文社会科学版）》，2016年第4期，第83页。

[2] 李蕾、张帅：《"一带一路"倡议下中国—中亚能源合作的战略定位、挑战与对策》，《国际经济合作》，2018年第6期，第90页。

[3] 岳树梅：《"一带一路"能源合作法律机制构建研究》，《社会科学战线》，2017年第8期，第203页。

[4] 杨宇、何则、刘毅：《"丝绸之路经济带"中国与中亚国家油气贸易合作的现状、问题与对策》，《中国科学院院刊》，2018年第6期，第43页。

四、稳固能源合作关系

甘肃要发挥优势，利用丝绸之路经济带沿线国家和地区的优势及区位特征，不断拓展与中西亚国家之间的政治、经济、文化、教育、医疗、环保等多方面、全方位、深层次的交流与合作，起到引领带动作用。丝绸之路经济带建设是一个漫长的过程，甘肃与中西亚国家的能源合作也是长期的，因此需要双方建立长期稳定的战略伙伴关系。

甘肃一方面要充分利用向西开放沿线国家和地区间文化的同质性及历史的共同性，在多元文化中寻找共同的价值观，深化共同认识；另一方面要依托向西开放沿线国家和地区在社会制度、传统文化、人文地理等方面存在的诸多差异，通过搭建文化交流的平台，促进人文交流，增强贸易联系，达到民众相通的目的，从而为能源合作奠定良好的互信氛围，推动丝绸之路经济带的建设和甘肃与中西亚国家能源领域的合作。同时，甘肃应加强与中西亚国家的媒体宣传和交流，通过派出留学生、访问学者以及各领域的专家等方式加强人文合作，加强民间友好互动往来，使互利共赢的观念深入人心，为进一步的能源合作铺就畅通的道路。

五、开展人才技术合作

甘肃应从经济发展的实际出发，认真分析、研究制约能源发展的重难点问题及瓶颈性因素，与沿线国家和地区在能源合作中深化技术交流与合作，在科技创新方面不断提高能源企业自身的竞争能力。

一是针对能源产业发展的近期、中期和长期规划，出台相关政策来扶持和鼓励有竞争力的能源企业加强员工的职业教育和技术培训，在能源资源勘探开发、企业能源管理、动力能源管理、能源运行工程、管道建设等方面培养专业的能源外交人才和技术人员。同时，针对与中西亚国家能源合作和市场开发的现实需要，采取各种优惠政策，引进海内外人才、留学人员到甘肃投资创业，吸引熟练的技术人员来甘肃工作，鼓励高端研发人才集聚到甘肃从事研发活动。这是甘肃能源企业融入、开拓中西亚能源市场的关键和长期对外合作的保障，也是为将甘肃打造成向西开放人才汇集区奠定基础、积累经验。[1] 另外，能源企业要加大研发、科研资金的投入，提高科技创新能力和知识吸收能力；

---

① 郑景元：《"新丝绸之路经济带"构想下的甘肃开放开发路径》，《中国商贸》，2015 年第 14 期，第 111 页。

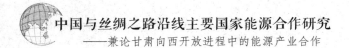

加强与国际一流能源科研单位的互访交流活动，学习先进的能源科学知识，不断深化能源合作。

二是推动与中西亚国家在能源开发利用方面的产学研用结合。甘肃能源企业要抓住有利时机，发挥自身优势，围绕中西亚国家的市场需求，通过共建新能源实验室、联合研发中心、联合基地等平台，推动科技研发和应用推广方面的有效衔接。甘肃与中西亚国家开展的能源技术交流与合作是长期性的、持续性的，要实现优势互补、资源共享。甘肃要通过建立先进技术示范项目，加快构建市场导向、企业主体、金融配套、政府服务的科技成果转化体系，完善科技成果转化和产业化的激励机制，打造以骨干企业、上市企业、高新技术企业为骨干的创新梯队，将甘肃新能源新技术、高效节能新产品、丰富管理经验等进行推广，携手打造新能源市场，实现互利共赢。

第四节　能源安全、能源节约和能源储备战略

一、维护能源安全战略

在丝绸之路经济带向西开放建设的对接中，要以能源共同体的构建为基础，深化能源领域的合作。首先，要强化共同能源安全观的意识。在推进丝绸之路经济带建设中，沿线国家和地区要强化"共同能源安全观"意识，从而为打造能源共同体树立牢固的思想基础。丝绸之路经济带沿线国家和地区要坚持政府与企业协调配合的方针，充分兼顾各方利益，与沿线各国和地区、国际能源组织及跨国能源公司加强磋商协作，充分认识到能源合作的重要性与国家能源安全的战略意义。特别是我国作为能源生产与消费的大国，对油气资源有极强的对外依赖性，其能源安全也面临着越来越多的挑战与威胁。这就需要与丝绸之路经济带沿线国家一道树立共同能源安全观的合作意识，双方取长补短、互利共赢，促进区域共同能源安全观的建立。其次，要制定统一的能源政策。在与丝绸之路经济带建设进行对接和打造能源共同体的过程中，各个国家和地区要制定一致的能源政策，规范行为，统一定价，有效化解各国和地区能源发展的差异与现实因素。同时，要营造良好的国际能源合作环境，确保国家的能源安全。

二、实施能源节约战略

节能被誉为煤、电、油、天然气之后的"第五能源"，也是甘肃经济发展的一项长期能源战略。我们应将煤炭、石油、天然气的开采与生态环境保护相结合，实施可持续发展。首先，要建立科学、合理开发煤、石油、天然气的评估体系，制定出相应的生态恢复解决方案；其次，在开发利用的过程中，要遵循节约原则，采用植树种草、复垦利用等生态恢复措施；最后，建议设立专项资金，用于煤、石油、天然气开发后的生态环境保护治理和恢复保障。同时，政府部门应建立起完善的节能管理制度和政策法规，健全节能投资机制，提高全社会的节能意识，从而提高能源利用率，建立可持续的能源发展战略和环境保护发展战略。

三、建设能源储备战略

通过借鉴发达国家的能源储备战略，在不断增加自身能源安全储备的同时，丰富进口能源渠道，不断降低风险。我国从 2003 年开始筹建国家石油储备基地，至 2016 年已建成 9 个国家石油储备基地，甘肃兰州也包括在内。[①]当下，我国已经建立了四大方向的油气输入通道，有力地保障了陆上能源通道的畅通和能源安全。

甘肃应借鉴发达国家的经验，首先是建立专门的石油储备法规和政策，使国家石油储备建设的全过程有法可依，有法可行；其次是采用灵活多样、品种多样化的储备方式；最后是发挥民间资本在石油储备中的优势。甘肃应进一步筹备建立"煤炼油储备基地"和长庆战略储备油田，作为战略储备资源；同时，加强与中西亚、中东国家和地区的能源务实合作，推进可持续发展。

四、争取国家政策倾斜，提升甘肃能源合作水平

推进甘肃能源合作的实施进度，转变甘肃在我国与中西亚国家能源合作中的定位。要努力从油气输送通道转变为油气中转站和中西亚国家能源合作的主体，成为丝绸之路经济带上与中西亚国家能源合作的资源转化基地；根据区域内产业结构特征将能源产业发展的矛头转向油气资源的中下游产业，实现甘肃、西北五省区以及向西开放沿线国家和地区之间发展方向上的互动和呼应，

---

① 吕靖烨、王翔、李朋林：《"一带一路"背景下我国能源国际合作问题与对策》，《对外经贸实务》，2018 年第 5 期，第 28 页。

达到互利共赢的目标。①

为此，甘肃要适时调整产业结构，不断强化对中下游能源产业的建设和投资力度，逐渐丰富中下游产品的种类，进一步深化能源资源产业与甘肃工业以及三次产业的整体关联度；应充分利用共建丝绸之路的各项优势，拓展与中西亚国家能源合作领域，从当前附加值较低的油气资源贸易拓展到精细化工、制造、轻纺、农产品加工等更加广泛的下游产业合作；同时，通过打造区域金融中心，为能源贸易和能源合作投资提供便利化的金融服务，以实现丝绸之路经济带建设多方位优势互补、互惠互利、合作共赢的发展目标。

第五节　发挥能源优势，建设陆上能源安全通道

在丝绸之路经济带向西开放建设背景下的能源合作扩大了以往传统能源合作（能源生产、能源消费、能源运输）的内容，涵盖了能源的基础设施建设、勘探、开发、冶炼加工、道路与管线运输、运输安全、能源消费、能源环境保护等方面的合作。甘肃要实现与丝绸之路经济带向西开放沿线国家和地区的能源合作，需要不断完善能源的基础设施建设，实现能源的互联互通，拓展经贸合作，完善能源开放平台和进出口能源集散基地建设，保证各方面工作的顺利开展，逐步扩展能源领域合作。

一、完善基础设施，建设能源通道

甘肃要立足面向中西亚、服务中东部的功能定位，强化连接欧亚大陆桥战略通道和沟通西南、西北交通枢纽的战略地位，紧跟向西开放沿线国家和地区对外开放的步伐，加快公路、铁路、航空、电网、管道等基础设施的完善和提升，着力拓展向西开放的能源通道。②

甘肃要加强与向西开放沿线国家和地区之间的交通运输网络的互联互通，形成共同的能源市场，进一步推进向西开放建设中的能源基础设施建设项目的

---

① 聂平香、崔艳新、王拓：《"一带一路"倡议下对我国中西部利用外资的思考》，《国际贸易》，2017年第10期，第48页。

② 安林瑞、张莎莎：《丝绸之路经济带建设的意义与战略举措——基于向西开放的视角》，《党史博采：理论版》，2017年第4期，第27页。

合作，实现与新疆及中西亚、欧洲等国家和地区的互联互通。① 首先，要以兰州为中心，依托陇海、兰新线东西陆路通道，形成一个以新亚欧大陆桥甘肃段为主轴，覆盖周边区域，辐射西北地区，包括铁路、公路、航空、管道运输等全方位、多层次的运输网络。加快国家铁路网建设，推动"兰州号""天马号""嘉峪关号"国际货运班列常态化运营，完善与重要铁路干线相配合的高速公路网建设，实现铁路、公路的畅通无阻。其次，要加快建设甘肃内部的能源资源型交通运输网络。最后，要积极推进甘肃通往全国各地的能源资源型交通网络建设。在巩固兰州中川机场现有国际航线的基础上，进一步拓展甘肃与中西亚和欧洲等地区的国际航线及货运航线，做好中亚、中欧国际班列物流信息互动，加速推进区域交通便利化，建设向西开放的国际物流平台和出口产品加工基地，有效带动本地企业和本地产品出口，培育本地物流企业参与国内国际竞争，带动上下游产业全面发展。

甘肃要与向西开放沿线国家和地区一起努力，加强协商、凝聚共识，统筹规划、科学布局，加快推进石油、天然气管道建设工作，促进煤炭外运，优先安排和布局以输送新能源为主的特高压直流电外送通道建设，努力打造陆上能源供应的安全通道，促进甘肃与中西亚能源资源的开发合作；推进成品油管道、庆阳石化成品油外输管道等油气管道建设，加快西气东输三线、四线等项目建设进度，充分利用中西亚、俄罗斯油气资源，建设通往甘肃玉门、兰州的油气管道；形成以铁路运输为主，结合公路、航空"三位一体"畅通、便捷、安全的立体交通综合运输网络，提升甘肃通道建设的软实力。②

能源贸易往来作为甘肃口岸建设与发展的一个重要方面，对顺利实现与丝绸之路经济带向西开放建设沿线国家和地区的能源贸易合作具有重要意义。甘肃的能源通道建设对其口岸建设提出了更高的要求，首要任务是加强口岸的基础设施建设，逐步拓展与新疆、中西亚等地区和国家的口岸合作范围和领域，使甘肃边境口岸成为油气能源进出口便捷的通道，从而带动能源产业以及相关产业的发展。同时，做好口岸的交通与规则对接工作，使能源产业达到规模化、集聚化的效果，有助于实现与新疆、中西亚等地区和国家口岸之间的能源畅通。

---

① 吴燕芳：《甘肃建设丝绸之路黄金段面临的机遇和挑战分析》，《甘肃科技》，2015 年第 23 期，第 2 页。

② 刘伟平：《着力打造丝绸之路经济带甘肃黄金段》，《求是》，2014 年第 18 期，第 34 页。

二、拓展经贸合作

甘肃在向西开放建设中发挥了重要作用，不但构建了与西北五省区的能源合作格局，而且借助亚欧大陆桥与新疆合作，深化了与中西亚、欧洲的能源合作。

一方面，甘肃应依托比较完备的能源资源体系和强劲发展的新能源装备制造、新材料等战略性新兴产业，继续走"优势牌"，牵住能源资源开发和新兴产业合作发展的"牛鼻子"，加快"走出去"和"引进来"步伐，构建纵深梯次开发开放空间格局。[①] 充分利用石油、煤炭、风能、太阳能资源等方面的优势，拓展交流合作渠道，筑牢开放型经济的发展根基，以扶植本地外向型企业发展壮大为前提，培植向西开放沿线国家的生产加工贸易基地，通过"抓大、促小、育新、引强"来推动贸易基础扩张，提升本省自主出口能力。

鼓励优势能源企业开展国际合作，支持甘肃企业到向西开放沿线国家投资设厂、设立研发中心和对外承包工程，支持外贸企业建立海外营销网络点和商务代表处，加大对中小微企业的支持力度，建立健全服务贸易促进体系，提高贸易便利化水平，继续开拓向西开放沿线国家市场。

打造发展大格局，以点带面、从线到片，逐步辐射全省，促进与丝绸之路经济带向西开放沿线国家和地区的能源大合作，把握各重要节点城市的能源贸易走势，从中取位、错位发展、形成合力，共同打造能源贸易通道。甘肃与中西亚国家贸易互补明显，中亚五国油气及可再生能源资源储量丰富，出口方面与甘肃有较强的互补性，而中西亚国家在铁路、石油钻采、电力基础设施等方面的需求很大，且可再生开发利用率极低。

建议甘肃充分利用传统产业优势，加快环里海油气管道、中亚天然气 D 线工程建设，使中亚国家的油气资源拓展到东北亚、南亚等国家，推动中俄天然气管道西线工程建设[②]；建议推行新能源换旧能源策略，创造相互贸易需求，结合中亚各国能源枯竭的情况和资源型城市转型的需要，推进甘肃太阳能、风能等新能源进军中亚和丝绸之路经济带沿线国家市场，以新能源设备换取对方的石油、天然气等化石能源和其他原材料，从而加强与中亚五国在水电及太阳能、生物质能、地热能等新能源技术服务领域的深度合作，建设更多大

---

① 张建君：《论丝绸之路经济带甘肃黄金段的战略重点》，《甘肃理论学刊》，2015 年第 4 期，第 127 页。

② 张一清、刘传庚、姜鑫民：《加快推进"一带一路"能源合作的思考与建议》，《中国石油大学学报（社会科学版）》，2018 年第 2 期，第 37 页。

型太阳能发电及风电基地示范项目，加强煤电、可再生能源发电等领域的合作，实现跨区域电力互联互通。

考虑到中印两国地缘政治问题，建议优先推动中巴经济走廊项目建设，适时推进中巴油气管道建设，开辟新的能源进口通道；打造向西出口的不可再生能源和可再生能源装备制造基地；打造国家能源中转加工基地。向中央争取中亚进口能源配额，在甘肃建设 2000 万吨炼油厂和国家千万吨级成品油储备库。

建立对外投资项目库，鼓励引导企业到中亚国家承揽工程和劳务合作项目。建设面向中西亚、中东欧及蒙古的通信枢纽和区域信息汇集中心，着力提升国际通信互联互通水平。甘肃在与中西亚国家、欧洲国家在科技创新、清洁能源、节能环保、能源资源开发、研发等领域的投资合作稳步发展的基础上，持续推进科贸融合、技贸融合贸易。

甘肃将全面展开和推进货物贸易、技术贸易、服务贸易以及国际贸易等，力争成为我国西部重要的国际化自由贸易园区。

另一方面，甘肃要以积极自信的姿态持续加快发展步伐，立足比较优势，寻找多维度突破点，着力在实现贸易顺差、弥合区域经贸合作发展不平衡及攻克经贸合作瓶颈等方面有所突破，扩大合作影响力，助力能源贸易合作。

甘肃可以进一步寻找乡村振兴与"一带一路"经贸合作的切点。近年来，甘肃农产品的进口、出口总额均在逐年增加，其中初级加工农产品的出口势头渐长。以苹果为例，2020 年鲜苹果出口数量比 2019 年下降了约 30％，而同期苹果汁出口则翻了一番还多。就甘肃而言，要深入谋划实施强县域行动，建议进一步寻找乡村振兴与"一带一路"经贸合作的切点，实现统筹发展。

建议遴选具有一定产业发展基础，有经贸合作前景的县、乡，探索设立甘肃"乡村振兴与'一带一路'经贸合作"产业发展示范县、乡，着力提升出口农产品的数量和附加值，由原材料转向初加工，由初加工转向精细加工，一举两得，在实现农业产业向现代化、高质量水平迈进的同时，亦可以扭转对外贸易逆差并寻求经贸合作发展可能性。可以进一步加深对外经贸主要企业与"一带一路"经贸合作的交集，持续助力主要省属企业走出去。甘肃的主要国有企业在对外经贸合作中占有重要的比重。以金川集团、白银集团、酒钢集团为代表的省属企业是甘肃"一带一路"经贸合作排头兵。近年来，上述三家企业的外贸总值约占全省的一半，是开展"一带一路"经贸合作的重要主体。未来，需要进一步发挥好领头羊的作用，加大创新研发投入、提高核心技术水平，积极实施"引进来、走出去"发展战略，在财税、金融等方面制定科学有效的配套政策，扩大经贸合作的影响力和范围。

可以进一步提升特色优势产业在"一带一路"经贸合作中的品牌竞争力。要扩大经贸合作，就必须让世界多认识甘肃，多认同甘肃。对诸如"交响丝路，如意甘肃"的旅游品牌，"一条河、一本书、一碗面、一匹马"的甘肃名片，"敦煌莫高窟"的世界文化遗产宝库的宣传要更专业化，更新颖有趣。这对促进世界认识甘肃、甘肃全面融入"一带一路"经贸合作，有着潜移默化、不可估量的重要作用。可以进一步抓住战略发展机遇，以促成"一带一路"经贸合作弯道超车。聚焦国家"双碳"目标，结合甘肃"建设河西风电走廊，再造西部陆上三峡"的战略构想，抓住打造全国重要的新能源及新能源装备制造基地的机遇，向外拓展经贸合作触角，寻求合作商机。

三、完善开放平台建设

甘肃在围绕三大平台建设的基础上，积极推动建成中国兰州自由贸易区，加快建设面向中西亚、中东欧市场的石油钻采设备出口基地、可再生能源装备研发制造出口基地和技术推广示范基地等，达到既优化产业结构又扩大国际贸易的双赢目的。

推动兰州铁路口岸、多式联运监管场所和铁路集装箱中心站、国家中欧国际货运班列多线路、多口岸对外开放[①]；拓展兰州航空口岸功能，加密国际航线，探索和开通货运直航业务，设立进境免税店，形成物流要素齐全、功能完备、与综保区紧密衔接的临港开放型高地。

以新疆伊犁和哈萨克斯坦阿拉木图共同拟定筹建"中哈自由贸易区"为发展契机，加强与新疆地区的能源联系与合作，积极投入新疆与中西亚贸易交流平台中，并在边境口岸设立或合作设立能源出口加工区，发展边境贸易和转口贸易；加快复制自贸区监管制度创新成果，吸引研发、检测、维修、保税交割等业务入区发展。

支持开展跨境电商、国际中转、配送、采购、转口贸易等业务，延长产业链条，提升辐射效能；加大对进出口货物监管场所的基础设施建设和科技设备的投入，优化监管场所的集约化、信息化、规范化管理标准；加强地方电子口岸建设，建立政企间的数据交换平台、跨境电子商务等新型贸易业态落地发展，推进国际贸易"单一窗口"建设，营造法治化、国际化、便利化的营商环境；搭建新型平台，积极争取国家丝路基金在兰州新区设立办事处，争取中西亚国家在兰州设立领事机构。

---

① 程宏飞：《兰州海关如何发力"一带一路"》，《发展》，2017年第4期，第9页。

四、建设进出口能源集散基地

甘肃应充分把握中西亚国家和周边省区的物流需求，通过升级改造沿线场站配套设施设备，将兰州作为向西开放建设的能源生产基地和能源消费中心，赋予其国际中转、国际采购、国际配送、国际转口四大功能。在确保国际货运班列稳定运营的基础上，将兰州建设成南连川渝、青藏，北承宁夏、内蒙古，西通新疆以及哈萨克斯坦、乌兹别克斯坦、吉尔吉斯斯坦等中西亚国家和地区的物流商品配送基地和国际物流中心配送基地，以优化与中西亚以及欧洲等国家贸易商品的结构，提高效率，增加利润空间。

应加强兰州周边地区的陆港、空港、公路物流中心以及产业园区的统筹布局和联动发展，形成多式联运体系，实现无缝高效衔接。同时，以陇海铁路、兰渝铁路、兰青铁路以及连霍高速公路等交通干线为基础，发挥互联网物流的潜在功能，优化各项优惠政策，将兰州打造成西北乃至全国致力于面向向西开放的交通枢纽和陆路进出口集散中心，构建集仓储、运输、加工于一体的现代物流体系。

培育和聚集一批大型综合物流园区、冷链物流基地、城市配送中心和加工企业并吸引其落户，以扩大货源范围，增加开行密度，降低物流成本，加大资源整合力度和组织力度，进一步鼓励、支持并吸引更多的货源物流通过中欧班列、南向通道班列等集聚运输，推动国际货运班列和航空货运包机常态化运行。

甘肃要加快建设国际货运班列综合服务中心，引进开发供应链、大数据管理等信息化智能平台，统一提供全程物流服务，实现国际货运班列运行信息实时咨询互查，为客户提供业务受理、单证制作、报关报检、货物追踪、应急处置等各项服务。同时，推进运输、仓储、配送、检验检疫、通关、结算等环节的高效对接工作。

另外，吸引出口贸易企业在甘肃设立企业自营出口，特别邀请国内物流龙头企业通过公路、铁路、航空等运输方式参与国际班列运营，面向国内市场承揽出口货物，调度物流动线，培育物流市场，逐步形成以兰州为中心，辐射周边区域与省份，联通中西亚、欧洲的进出口能源集散基地。

五、实施沿线国家和地区的产业布局

甘肃要支持省内能源骨干企业加快"走出去"的步伐，逐步开辟稳定的能

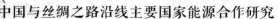

源合作开发市场。^① 紧紧围绕我国与中西亚、俄罗斯的油气资源战略合作，建成石油储备库和天然气调峰储气设施；支持有实力的本省企业联合走出去，以参股、并购等多样化的方式进行能源投资合作，拓展合作领域，开发境外资源，绕开贸易壁垒，推动甘肃耗能的能源加工企业、产能过剩企业到中西亚投资合作发展，不断拓展企业发展方向和赢利空间，扩大互利共赢的合作范围。鼓励并支持省内具有一定海外承包工程能力的企业，强强联合组建企业集团，积极投入中亚、西亚、中欧等国家的基础设施、公路建设、资源开发、设备安装、市政工程等方面的建设中，带动更多的能源设备和技术出口。

---

① 张宝通：《丝绸之路沿线省区和国家发展定位分析——基于丝绸之路万里行实地考察视角》，《西安财经学院学报》，2015 年第 1 期，第 78 页。

参考文献

[1] 高国伟，马莉，徐杨. 中国与"一带一路"沿线国家能源合作研究 [M]. 北京：人民日报出版社，2017.

[2] 胡建. 陕西与中亚国家能源产业产能合作研究 [M]. 北京：中国统计出版社，2017.

[3] 赵宏图. 超越能源安全："一带一路"能源合作新局 [M]. 北京：时事出版社，2019.

[4] 扈剑晖. 国家安全视角下的中俄能源合作战略研究 [M]. 北京：人民日报出版社，2017.

[5] 许勤华. 中国能源国际合作报告（2014/2015）——"低油价"新常态下的中国能源国际合作 [M]. 北京：中国人民大学出版社，2015.

[7] 姜莱. 战略性新兴产业发展对中国能源消费的影响研究 [M]. 北京：经济管理出版社，2016.

[8] 车春鹏，张娟. 中国与"一带一路"沿线国家双边贸易研究（西亚中东卷）[M]. 北京：中国经济出版社，2021.

[9] 史丹. 中国能源发展前沿报告 2021："十三五"回顾与"十四五"展望 [M]. 北京：社科文献出版社，2022.

[10] 汉斯·摩根索. 国家间政治：权力斗争与和平 [M]. 徐昕，郝望，李保平，译. 7 版. 北京：北京大学出版社，2006.

[11] 肯尼斯·华尔兹. 国际政治理论 [M]. 信强，译. 上海：上海人民出版社，2004.

[12] 海伦·米尔纳. 利益、制度与信息：国内政治与国际关系 [M]. 曲博，译. 上海：上海人民出版社，2010.

[13] bp 中国. bp 世界能源统计年鉴（2021 年版）[R/OL]. (2021－07－08)［2022－05－08］. https://www. bp. com. cn/content/dam/bp/country－sites/zh＿cn/china/home/reports/statistical－review－of－world－

energy/2021/BP _ Stats _ 2021. pdf.

[14] 国家统计局. 中国统计年鉴（2022）［R/OL］.（2022－01－08）［2022－05－08］https：//www. stats. gov. cn/sj/ndsj/2022/indexch. htm.

[15] 中华人民共和国自然资源部. 2021 年中国矿产资源报告［R/OL］.（2021－11－05）［2022－10－10］. https：//www. mnr. gov. cn/sj/sjfw/kc _ 19263/zgkczybg/202111/t20211105 _ 2701985. html.

[16] 任杰. 中国与俄罗斯能源合作法律机制研究［D］. 武汉：华中科技大学，2020.

[17] 刘焱. 21 世纪以来中俄能源合作问题研究［D］. 石家庄：河北师范大学，2017.

[18] 许勤华. 改革开放 40 年能源国际合作踏上新征程［J］. 中国电力企业管理，2018（25）：87－92.

[19] 孙淼. 批评话语分析视角下俄罗斯能源战略嬗变及其对中俄能源合作的启示［J］. 中国石油大学学报（社会科学版），2022，38（1）：36－43.

[20] 徐洪峰，王晶. 俄罗斯可再生能源发展现状及中俄可再生能源合作［J］. 欧亚经济，2018（5）：83－92＋128.

[21] 陈小沁. 俄罗斯水力资源在发展欧亚区域电力市场中的作用［J］. 欧亚经济，2018（6）：58－71＋126.

[22] 钱学文. 中国与西亚北非国家的能源合作及展望［J］. 新丝路学刊，2021（2）：82－109.

[23] 王冰. 中国与土耳其能源产业合作面临的挑战及推进策略［J］. 对外经贸实务，2017（9）：36－39.

[24] 冶红英. 基于 SWOT 分析的甘肃新能源产业集群创新模式研究［J］. 商业经济，2014（24）：56－58＋122.

[25] 苏华，李雅. 向西开放战略下西北区域特色经济的发展思路［J］. 经济纵横，2016（3）：76－80.

[26] 甘肃行政学院课题组，王伟，马翠玲，等. 全面提升甘肃向西开放的水平［J］. 发展，2016（9）：28－29＋37.

[27] 曹李海. 丝绸之路经济带甘肃全面开放与融合发展的路径分析［J］. 克拉玛依学刊，2016，6（1）：3－9.

[28] 朱智文，杨洁. 共建丝绸之路经济带与西北地区向西开放战略选择［J］. 甘肃社会科学，2015（5）：193－197.

[29] 周婧. 提升甘肃产业竞争力的路径选择［J］. 财会研究，2014（10）：

75—77.

[30] 王建民. 关于甘肃陇东能源区经济实现可持续发展的若干问题研究 [J]. 西部经济管理论坛，2016，27（3）：17—23.

[31] 张爱儒，丁绪辉，高新才. 打造"丝绸之路经济带"黄金段的战略思考——以甘肃省为例 [J]. 青海民族研究，2015，26（2）：100—103.

[32] 王克振，王飞航，王正军. 甘肃省新能源发展战略研究 [J]. 中国基础科学，2010，12（4）：58—61.

[33] 闫铭. 丝绸之路经济带背景下河西走廊区域发展的路径选择 [J]. 新丝路，2015（18）：30—31.

[34] 吕涛，聂锐，刘玥. 西部能源开发利用中的产业联动战略研究 [J]. 资源科学，2010，32（7）：1236—1244.

[35] 王艳华. 基于 SWOT 分析的河西走廊新能源产业发展对策研究 [J]. 全国商情（经济理论研究），2014（12）：19—20.

[36] 王晓梅. 酒泉市在打造丝绸之路经济带"黄金段"重要节点城市的 SWOT 分析 [J]. 兰州工业学院学报，2015，22（4）：97—100.

[37] 张有贤，蔡敏琦，付文杰，等. 甘肃省中长期能源发展战略构想 [J]. 开发研究，2007（3）：89—91.

[38] 杨立勋，苏文龙. 丝绸之路经济带甘肃段经济发展切入点探索 [J]. 兰州文理学院学报（社会科学版），2015，31（2）：34—40.

[39] 黄福江，高志刚. 中国在中亚能源合作中的战略定位及策略选择 [J]. 石河子大学学报（哲学社会科学版），2016，30（3）：82—86.

[40] 张玉清. "一带一路"能源合作模式探讨——以中巴经济走廊能源项目为例 [J]. 国际石油经济，2017，25（12）：13—16.

[41] 王树亮. 甘肃省嵌入丝绸之路经济带面向中亚开放的战略思考 [J]. 新丝路（下旬），2015（8）：38—39.

[42] 何周理. "一带一路"建设下中国区域能源合作路径探析 [J]. 改革与战略，2017，33（12）：97—99+115.

[43] 蒋钦云，梁琦. 沙特谋求经济转型的启示及中沙能源合作建议 [J]. 宏观经济研究，2016（12）：160—167.

[44] 陈沫. "一带一路"能源合作的支点：中国与沙特 [J]. 海外投资与出口信贷，2017（2）：34—37.

[45] 陆瑾. "一带一路"视角下中国与伊朗的经济合作 [J]. 阿拉伯世界研究，2016（6）：21—34+116.

[46] 田泽，丁晋玲，汪佑德. "一带一路" 建设下中哈能源投资与合作研究 [J]. 广西财经学院学报，2018，31（2）：35－46.

[47] 王晓芳，于江波. 丝绸之路经济带人民币流通的实际情境与相机抉择 [J]. 改革，2014（12）：89－97.

[48] 余晓钟，辜穗. 新疆—中亚丝绸之路经济带能源合作战略研究 [J]. 深圳大学学报（人文社会科学版），2016，33（4）：83－87＋129.

[49] 李蕾，张帅. "一带一路" 倡议下中国—中亚能源合作的战略定位、挑战与对策 [J]. 国际经济合作，2018（6）：90－95.

[50] 岳树梅. "一带一路" 能源合作法律机制构建研究 [J]. 社会科学战线，2017（8）：196－203.

[51] 杨宇，何则，刘毅. "丝绸之路经济带" 中国与中亚国家油气贸易合作的现状、问题与对策 [J]. 中国科学院院刊，2018，33（6）：575－584.

[52] 郑景元. "新丝绸之路经济带" 构想下的甘肃开放开发路径 [J]. 中国商论，2015（14）：111－113.

[53] 吕靖烨，王翔，李朋林. "一带一路" 背景下我国能源国际合作问题与对策 [J]. 对外经贸实务，2018（5）：26－29.

[54] 聂平香，崔艳新，王拓. "一带一路" 倡议下对我国中西部利用外资的思考 [J]. 国际贸易，2017（10）：48－55.

[55] 安林瑞，张莎莎. 丝绸之路经济带建设的意义与战略举措——基于向西开放的视角 [J]. 党史博采（理论），2017（4）：26－27.

[56] 刘伟平. 着力打造丝绸之路经济带甘肃黄金段 [J]. 求是，2014（18）：34－35.

[57] 张建君. 论丝绸之路经济带甘肃黄金段的战略重点 [J]. 甘肃理论学刊，2015（4）：127－130.

[58] 张一清，刘传庚，姜鑫民. 加快推进 "一带一路" 能源合作的思考与建议 [J]. 中国石油大学学报（社会科学版），2018，34（2）：31－35.

[59] 程宏飞. 兰州海关如何发力 "一带一路" [J]. 发展，2017（4）：9－11.

[60] 姜安印，刘博，黄洁. "一带一路" 背景下中国—中亚能源合作研究述要 [J]. 贵州省党校学报，2017（1）：63－70.

[61] 张宝通. 丝绸之路沿线省区和国家发展定位分析——基于丝绸之路万里行实地考察视角 [J]. 西安财经学院学报，2015，28（1）：78－82.

[62] 中国能源网. 2018 年我国油气探明储量止跌回升 [N]. 中国自然资源报，2019－7－17（1）.

［63］陈琛. 取得多项找矿突破　探明储量大幅增加［N］. 中国自然资源报，2020－7－30（1）.

［64］王中建. 2020 年我国油气勘查取得多项重要突破［N］. 中国自然资源报，2021－09－21（1）.

［65］廖秋雯，陈昌照. 为了可持续的未来［N］. 中国石油报，2020－07－03（1）.

［66］杨碧泓. 创建世界一流品牌，助力企业高质量发展［N］. 中国石油报，2021－05－10（1）.

［67］李赟. 玉门油田——中国石油工业的摇篮［N］. 甘肃日报，2022－12－21（11）.

［68］王占东. 为加快建设幸福美好新甘肃贡献长庆力量——访中国石油长庆油田党委书记、执行董事何江川［N］. 甘肃日报，2022－07－04（03）.

［69］王旭辉.“甘肃绿电”送全国渐成现实［N］. 中国能源报，2021－02－08（023）

［70］沈丽莉. 甘肃新能源发展“风光无限”［N］. 甘肃日报，2021－02－09（005）

附　　录

甘肃省"十四五"能源发展规划①

　　能源是支撑全省经济社会发展和民生改善的重要基础，是促进经济发展方式转变和经济结构调整的重要抓手，是实现"碳达峰、碳中和"目标的重要领域。为深入推动能源革命，加快构建清洁低碳、安全高效的现代能源体系，根据《甘肃省国民经济和社会发展第十四个五年规划和二〇三五年远景目标纲要》（甘政发〔2021〕18 号）精神，结合实际，特制定本规划。规划期为2021—2025 年。

一、规划背景

（一）发展基础

　　我省风能、太阳能、水能、煤炭、石油、天然气等能源种类齐全、资源丰富，是国家重要的综合能源基地和陆上能源输送大通道，在国家能源发展战略中占有重要地位。新能源可开发量整体位居全国前列，主要集中在河西地区，开发条件较好，根据中国气象局 2020 年资源评估成果，全国风能技术开发量99 亿千瓦，其中我省 5.6 亿千瓦，全国排名第 4，随着低风速风机普及利用，风资源开发量还将进一步提升；全国光伏发电技术开发量 1287 亿千瓦，其中我省 95 亿千瓦，全国排名第 5，开发利用空间巨大。煤炭探明资源储量291.74 亿吨，保有资源储量 278.34 亿吨；石油剩余探明技术可采储量 3.83亿吨，全国排名第 4；天然气剩余探明技术可采储量 581.05 亿立方米，全国排名第 13。

　　"十三五"以来，我省深入实施"四个革命、一个合作"能源安全新战略，

---

　　① 甘肃省人民政府办公厅：《甘肃省人民政府办公厅关于印发甘肃省"十四五"能源发展规划的通知》，https://www.gansu.gov.cn/gssgzf/c100055/202201/1947911.shtml。

能源资源配置不断优化，综合性能源通道能力不断加强，多元能源安全供应体系基本建成，能源消纳能力显著提升，能源体制改革稳步推进，能源发展质量和效益不断提高，为全省经济社会发展提供了有力支撑。

能源结构持续优化升级。全省煤炭生产占一次能源生产总量比重逐年下降，非化石能源供给能力不断提升。截至 2020 年底，全省风电装机 1373 万千瓦，占全国装机的 4.9%；光伏装机 982 万千瓦，占全国装机的 3.9%。新能源装机占全省电力装机的 42%，居全国前列。随着酒泉至湖南±800 千伏特高压直流输电工程的建成，绿色新能源电力通过酒湖直流以及交流通道跨区外送电量显著增长，2020 年全年外送电量 520 亿千瓦时，其中新能源外送电量达 146 亿千瓦时，占比 28%。"十三五"期间通过政策引导关闭退出小煤矿 100 处，淘汰落后煤炭产能 1400 万吨，基本淘汰 30 万吨/年以下煤矿，煤炭产业结构进一步优化，产业集中度不断提高，转型升级取得实质性进展。煤炭清洁生产水平不断提高，建成选煤厂 6 处，洗选能力达到 2880 万吨/年，入洗率 75%。

新能源消纳能力显著提升。2016 年国家批复我省开展可再生能源就近消纳试点、建设新能源综合示范区后，我省相继出台《甘肃省新能源消纳实施方案》《甘肃省解决弃风弃光问题专项行动方案》《甘肃省实施能源结构调整三年行动方案》等一系列政策措施，大力推进直购电交易、新能源替代自备电厂发电，加快建设敦煌 100%可再生能源利用城市、清洁能源供暖和电能替代等示范工程，全力破解新能源消纳瓶颈，弃风、弃光率分别由最高时的 43%、30%下降至 2020 年的 6%、2%，基本完成了国家确定的新能源消纳目标要求。

清洁能源项目建设取得突破。"十三五"以来，国家能源局积极支持我省利用资源禀赋和产业基础优势，开展一系列国家新能源示范项目建设，巩固提升国家新能源基地的地位。首航节能敦煌 10 万千瓦熔盐塔式光热发电示范项目、敦煌大成 5 万千瓦熔盐线性菲涅尔式光热发电示范项目、中核汇能甘肃矿区黑崖子 5 万千瓦平价风电示范项目、网域大规模 720 兆瓦时电池储能电站试验示范项目等多个新能源示范项目成为全国首例，新能源综合示范区建设成效逐步显现。

电网网架结构不断强化。"十三五"期间，建成首条以输送新能源为主的特高压直流输电通道，跨省区外送电量连年增长。我省电网已通过 18 回 750 千伏线路与宁夏、青海、新疆和陕西电网联网运行，输电能力由 2016 年的 1400 万千瓦提高到目前的 2300 万千瓦，形成了东联陕西、北通宁夏、西接青海、西北延至新疆的电网结构，电力电量交换能力显著提升，进一步巩固了在西北电网中"坐中四连"的枢纽地位。省内主网架实现了从 330 千伏到 750 千伏的跨越升级，形成了以兰州、白银为核心，东西延伸、南北拓展的 750 千伏高电压等级网架结构，从酒泉自西向东的三回 750 千伏线路成为河西新能源"西电东送"的重要保障通道。

油气生产供应保障能力持续增强。油气勘探开发取得重大突破，陇东地区勘探发现省内首个大气田和国内探明储量最大的页岩油大油田，新增天然气探明储量 319 亿立方米，石油探明储量 5 亿吨。原油产量稳步增长，天然气产量快速增加。2020 年全省原油产量 969 万吨，天然气产量 3.9 亿立方米；累计形成储气能力 0.84 亿立方米。

能源领域体制改革有序推进。深入推进首批电力现货市场试点，率先开展省间现货交易。规范完善电力市场建设与运行，有序推进电力直接交易、跨省区交易、合同电量转让交易等中长期交易市场建设。组建甘肃省电力交易中心和电力市场管理委员会，逐步有序放开发用电计划，试点推进售电侧改革。支持民营企业参与天然气管道建设。

能源扶贫惠民工程成效显著。"十三五"以来，累计投资 52 亿元实施农村电网改造工程，加快补齐农村电网短板。"一区一州"和 18 个深度贫困县脱贫攻坚电网建设任务提前竣工，大电网延伸范围内实现户户通电、村村通动力电。深入实施光伏扶贫工程，建设光伏扶贫项目规模 127.6 万千瓦，惠及 3896 个建档立卡贫困村、18.92 万建档立卡贫困户，一大批贫困村村集体经济收入实现"零"的突破，为产业基础薄弱地区探索了一条脱贫发展的新路子，奠定了乡村振兴的坚实基础。

专栏 1 "十三五"时期能源发展成就				
指标	单位	2015 年	2020 年	年均增长率（%）
一次能源生产总量	万吨标准煤	5817	6729	2.96%
其中：煤炭	万吨	4400	3859	−2.59%
原油	万吨	820	969	3.4%
天然气	亿立方米	1.21	3.9	26.37%
非化石能源	万吨标准煤	1604	2662	10.66%
电力装机规模	万千瓦	4643	5620	3.89%

指标	单位	2015 年	2020 年	年均增长率（%）
其中：火电（含生物质发电）	万千瓦	1930	2308	3.64%
水电	万千瓦	851	957	2.38%
风电	万千瓦	1252	1373	1.86%
光电	万千瓦	610	982	9.99%
能源消费总量	万吨标准煤	7489	8105	1.59%
能源消费结构				
其中：煤炭		60.21	52.74	［−7.47］
石油	%	16.15	15.33	［−0.82］
天然气	%	4.45	5.29	［0.84］
非化石能源	%	19.19	26.64	［7.45］
220 千伏以上输电线路	公里	15464	19644	4.90%
220 千伏及以上变电容量	万千伏安	6072	8810	7.73%

注：［　］内为五年累计值。

（二）发展环境

"十四五"是我省在全面建成小康社会的基础上，乘势而上开启全面建设社会主义现代化新征程的第一个 5 年，也是贯彻落实"碳达峰、碳中和"战略目标、深入推进"四个革命、一个合作"能源安全新战略、加快构建现代综合能源体系的重要阶段。能源发展处于优化能源结构、保障能源安全、提升能源效率的攻坚期。

世界能源清洁低碳发展趋势明显，为我省建设现代能源体系指明方向。世界上主要国家把清洁低碳作为保障能源安全、引领技术创新的重要方面，推动全球能源供需体系向低碳化、无碳化加快转型，能源开发方式向集中式与分散式并重转变，利用技术向自动化智能化转变。从我国"十四五"能源发展形势看，煤炭、石油增速不断放缓，天然气、非化石能源等发展迅速，这为我省优化煤炭生产布局、推进煤炭清洁高效利用、大力发展清洁能源、加快电能替代、构建现代能源体系指明了方向。

我国"碳达峰、碳中和"战略目标，为我省壮大清洁能源产业带来新机遇。2020年9月和12月，习近平总书记先后提出了"二氧化碳排放力争于2030年前达到峰值，努力争取2060年前实现碳中和""到2030年，风电、太阳能发电总装机容量将达到12亿千瓦以上"的目标要求。当前化石能源仍是我国碳排放的主要来源，"碳达峰、碳中和"目标将加速能源消费结构调整和清洁能源利用比重提升。随着风电、光伏发电等可再生能源及储能使用成本降低，可再生能源在一次能源供应中的竞争力不断增强，为我省利用资源禀赋加快发展新能源带来新的机遇。

国家重大区域发展战略的实施，为我省能源产业发展提供重要政策支撑。国家出台《关于新时代推进西部大开发形成新格局的指导意见》《黄河流域生态保护和高质量发展规划纲要》，明确优先安排西部地区就地加工转化能源资源开发利用项目，推动煤炭清洁生产与智能高效开采，继续加大西电东送等跨省区重点输电通道建设，提升清洁电力输送能力；推动甘肃陇东等重要能源基地高质量发展，支持甘肃等风能、太阳能丰富地区构建风光水多能互补系统，加大甘肃等省区清洁能源消纳外送能力和保障机制建设力度等一系列政策举措，为我省能源发展提供了重要支撑。

新技术新业态新模式为我省能源产业跨越发展注入新动能。信息技术对能源系统的全面改造将重塑能源供需格局和产业发展格局，云计算、大数据、物联网、移动终端、人工智能、区块链等新一代数字技术与能源行业日益融合的趋势越发明显，以高效化、清洁化、低碳化、智能化为主要特征的全新能源时代正在引发经济社会深刻变革，能源利用新技术新业态新模式将更好地促进清洁能源消纳，提高系统转换效率，为我省现有传统能源产业转型赋能，加快推动能源数字产业化，打造智能制造、智能电网等重点应用场景，建设清洁能源交易大数据中心，开展上云用数赋智、"东数西算"提供支撑。

同时，发展不平衡不充分依然是我省能源发展面临的主要矛盾。在能源消费增速由高速向中低速转变的过程中，受内外部市场消费水平降低等因素的影响，实现能源稳定发展的不确定因素增多；风电和光伏发电固有的间歇性和波动性给电力系统稳定运行带来挑战，调峰能力短板突出，电力系统灵活性亟待提升；大规模新能源开发与电网安全、输送消纳之间的关系还需要进一步协调，电网的输配电能力和智能化水平还有待提高；煤炭供需不平衡的问题依然存在，河西地区缺煤与陇东煤炭外运通道不畅问题并存，时段性煤炭供应紧张并未根本解决；油气资源勘探开发投入不足，冬季天然气保障能力不足。

二、总体要求

（一）指导思想

以习近平新时代中国特色社会主义思想为指导，全面贯彻党的十九大和十九届历次全会精神，深入落实习近平总书记对甘肃重要讲话和指示精神，完整、准确、全面贯彻新发展理念，紧扣"碳达峰、碳中和"目标，落实"四个革命、一个合作"能源安全新战略，坚持绿色低碳、安全高效的发展方针，统筹发展和安全，控制能源消费增长，转变能源发展方式，大力发展新能源，调整优化能源结构，促进能源产业升级，培育能源消费新模式，着力提升能源资源综合利用水平，持续强化能源安全保障能力，加快构建现代能源体系，支撑带动经济社会高质量发展，为加快建设幸福美好新甘肃、不断开创富民兴陇新局面提供有力能源保障。

（二）基本原则

——以人为本，低碳发展。坚持以人民为中心的发展思想，以满足人民日益增长的美好生活需要为根本目标，把握产业结构升级和居民消费升级的新趋势，切实提升终端用能智能高效水平，合理控制能源消费增速，确保完成能耗强度目标。

——优化结构，绿色发展。坚持能源供给革命，大力发展新能源和可再生能源，优化能源供给结构，形成多元化的能源供给体系，提高非化石能源比重。优化化石能源开发利用，大力推动煤炭清洁高效利用，推动清洁能源对传统化石能源的替代。

——科技引领，创新发展。结合能源供给侧结构性改革，积极培育能源新技术新模式新业态，激发各类主体创新活力。突出新能源领域和煤炭清洁化利用先进成熟技术示范及推广应用，加快体制机制创新，发挥创新引领作用。

——深化改革，高效发展。完善市场决定价格机制，建立统一开放、竞争有序的现代能源市场体系，深化电力体制改革，加快推进油气体制改革，深化"放管服"改革，健全监管体系，进一步推进能源治理体系和治理能力现代化。

——扩大合作，开放发展。立足能源资源禀赋，发挥国家能源输送战略通道的区位优势，进一步引导民营经济和社会资本投资能源领域，深化与沿线省区和国家的合作，完善能源产业链条，确保我省能源企业参与国际公平竞争。

（三）发展定位

立足西部、着眼全国，坚持大市场、大流通、大循环，全面提升能源生产、储备、运输能力，打造国家重要的现代能源综合生产基地、储备基地、输出基地和战略通道。

一个战略通道：国家重要的油、气、煤、电跨区能源输送通道及能源中转枢纽。

一个示范区：国家现代能源经济示范区。

四个重要基地：河西走廊清洁能源基地；陇东综合能源基地；石油化工基地；核燃料循环基地。

（四）发展目标

到 2025 年，以新能源为代表的河西走廊清洁能源基地可持续发展能力全面提升，陇东综合能源基地建设取得重要进展，以新能源为主体的新型电力系统基本建立，全省能源生产和供应能力建设、煤电一体化发展和资源综合利用取得重大突破。全省能源自给有余，形成规模化电力和成品油外送发展格局。

——能源供给能力持续增强。到 2025 年，全省能源生产总量达到 12447 万吨标准煤，其中煤炭产量 7000 万吨、原油产量 1140 万吨、天然气产量 20 亿立方米；电力装机规模达到 12680 万千瓦。

——能源清洁化水平明显提高。可再生能源发电装机占电力总装机超过 65%，非化石能源占能源消费总量比重达到 30%，可再生能源发电量达到全社会用电量的 60% 左右。完成可再生能源电力消纳责任权重 50% 以上和非水电可再生能源电力消纳责任权重 23% 目标任务。

——能源能效水平稳步提升。单位 GDP 二氧化碳排放强度和能耗强度持续下降，完成国家下达目标任务。能源行业绿色发展水平显著提升，工业用能效率不断提高，建筑交通节能全面推进，城乡居民用能水平明显改善。

类别		指标	单位	2020 年	2025 年	年均增长
专栏 2 "十四五"时期能源发展主要目标						
能源总量		能源生产总量	万吨标准煤	6729	1 2447	13.1%
		发电装机	万千瓦	5620	12680	17.67%
		能源消费总量	万吨标准煤	8105	完成国家下达目标任务	—
		煤炭消费总量	万吨	7245	9000	4.43%
		全社会用电量	亿千瓦时	1375	1750	4.94%
能源结构	生产	非化石能源装机比重	%	59	72	[13]
		非化石能源发电量比重	%	50	55	[5]
	消费	非化石能源消费比重	%	26.6430		[3.36]
		天然气消费比重	%	5.29	9.4	[4.11]
		煤炭消费比重	%	52.74	46.1	[-6.64]
		石油消费比重	%	15.33	14.5	[-0.83]
电力发展		火电（含生物质发电）	万千瓦	2308	3558	10.03 %
		水电	万千瓦	957	1000	1.32%
		风电	万千瓦	1373	3853	22.92%
		光伏发电	万千瓦	966	4169	33.97%
		光热发电	万千瓦	16	100	44.27%
		电力外送	亿千瓦时	520	1010	14.2%

注：[ ] 内为五年累计值。

三、发展布局

"十四五"时期，能源发展要突出构建现代能源多元供给体系，立足能源资源禀赋和发展条件，面向省内外能源市场需求，以深化能源领域供给侧结构性改革为重点，推动可再生能源持续快速发展，强化煤炭和油气绿色高效开采，统筹能源和产业融合协调发展，增强能源发展的整体协调性和供应的稳定性，协调推进不同区域各具特色的能源开发、运输和加工利用，形成优势互补、输转通畅的能源发展格局。

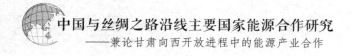
（一）河西走廊新能源重点开发区

河西走廊是全省乃至全国风能资源和太阳能资源最丰富的地区之一，建设大型平价风光电基地的条件得天独厚。"十四五"时期，充分发挥资源禀赋优势，大力发展风电、光伏发电、太阳能光热发电等非化石能源电力，形成可再生能源多轮驱动的能源供应体系。推进风光电低价上网，进一步提高可再生能源发电规模和比重，使可再生能源成为区域内主要电源，逐步建成支撑新能源发电的电力系统，推动风电、光伏发电引领未来电力供应增长。支持酒泉地区在千万千瓦级风电基地的基础上向特大型风电基地迈进，积极推进太阳能光热发电无补贴发展，形成风电、光伏发电、光热发电、储能等融合发展新格局。打造金（昌）张（掖）武（威）千万千瓦级风光电基地，建成河西第二条特高压直流输送通道，加快陇电入沪工程前期论证。聚焦新能源关键技术，强化产学研用协调联动，构建完整产业链条，形成辐射丝绸之路沿线省区及国家的产业集群。

（二）陇东和东南部多能互补综合能源开发利用区

这一地区包括陇东平凉、庆阳两市和东南部天水、陇南两市，其中陇东地区是鄂尔多斯国家能源战略基地的重要组成部分，化石能源资源储量丰富，是全省煤炭、石油、天然气资源禀赋存量最大的区域，勘探开发利用的前景广阔、潜力巨大，且具备风能资源开发建设的条件，建设陇东综合能源基地条件优越。"十四五"时期，陇东地区要以建设国家大型能源基地为重点，加快建设陇东特高压直流输电工程及配套电源，逐步提升新能源输送比例。以煤炭绿色开发、煤电清洁高效生产、石油天然气勘探开发为主，全力推进陇东综合能源基地建设。进一步加强省内东部和东南部地区间能源合作，加快形成面向西南地区的能源输送通道，实现优势互补。天水市、陇南市要承接煤炭资源异地转化利用，有序发展风电、光伏发电等非化石能源和抽水蓄能，形成清洁能源、煤炭资源综合利用发展格局。

（三）中部和中南部能源融合创新区

这一地区包括兰州市、白银市、定西市、临夏州、甘南州、兰州新区。兰州市、白银市、兰州新区是我省能源消费相对集中的地区，科研院所集中，能源技术创新研发基础好，具备能源产业融合创新示范的条件，"十四五"时期要大力发展分散式风电、分布式光伏发电，形成分布式与集中式相互融合的新能源发展格局；加强能源储备与应急能力建设，提高石油储备能力，完善调峰储气设施，加大绿色能源消费，积极推进充电桩、新能源汽车、能源大数据、云计算、互联网、人工智能等产业，推动能源与科技、经济、产业深度融合，重点发展新一代储能设备、氢燃料电池等技术及产业化应用，加大全产业链氢能技术研发，推动氢能技术利用场景示范。白银市、定西市、临夏州、甘南州要围绕黄河流域生态保护和高质量发展战略，坚持生态优先，积极推进黄河上游抽水蓄能电站建设，稳步推进风光电项目建设，打造风光水储综合能源基地。

四、大力发展新能源

（一）推动新能源持续快速跃升发展

1. 全面推进高质量新能源生产基地建设。按照集中与分散并举、打捆送出与就地消纳相结合的原则，合理利用区域内风、光资源，重点推动建设以风电、太阳能发电为核心的新能源生产基地，着力增加风电、光伏发电、太阳能光热发电等非化石能源供给，加快构建多元互补的新能源供应体系。

2. 加快推进风电基地建设。加快推进河西走廊清洁能源基地建设，积极对接落实受端市场，视新能源消纳形势，适时启动酒湖直流输电工程后续配套风电项目，推动酒泉地区向特大型风电基地迈进，持续拓展金（昌）张（掖）武（威）风电基地规模，扩大白银、定西、庆阳地区风电装机规模。推动陇东特高压直流输电工程配套风电项目和定西清洁能源基地建设，全面建成通渭风电基地和武威松山滩风电基地。在消纳条件较好、接入条件较优的中东部地区，高标准建设生态环境友好型风电场，稳步推进分散式风电项目开发。以河西第二条特高压直流输电工程为依托，谋划布局河西走廊东段大型风电基地。

专栏3　"十四五"时期新开工风电项目

酒泉至湖南特高压直流输电工程配套外送风电项目、陇东特高压直流输电工程及河西特高压直流输电工程配套外送风电项目、河西地区大型平价风电基地项目、中东部和东南部地区分散式风电项目。

---

3. 持续扩大光伏发电规模。充分发挥资源禀赋，逐步扩大光伏基地建设规模，优先在沙漠、戈壁、荒漠地区开展规模化建设，实现太阳能发电与荒漠化治理、生态修复、农牧业融合发展，重点支持"光伏+治沙""光伏+农牧

业""光伏＋工矿废弃地、采煤沉陷区治理"等具有多种生态效益的光伏项目。推进嘉峪关、敦煌、玉门、阿克塞、瓜州、肃北、金塔、高台、山丹、临泽、永昌、凉州、民勤、古浪、永登、景泰、环县、东乡等百万千瓦级大型光伏发电基地。到 2023 年底，陇电入鲁工程配套 400 万千瓦光伏发电项目网源同步建成投运。稳步有序推进分布式光伏整县推进试点工作，到 2025 年，建成分布式光伏发电 350 万千瓦。

专栏 4　"十四五"时期新开工太阳能发电项目

陇东特高压直流输电工程及河西特高压直流输电工程配套外送光伏发电项目、河西地区光储一体化项目、中东部和东南部地区分布式光伏发电项目。

---

4. 大力发展抽水蓄能。充分发挥梯级水库调蓄能力，推进黄河上游既有水电站扩机改造工程，谋划布局混合式抽水蓄能电站。按照"多核快核、能开尽开"的原则，加快列入国家抽水蓄能中长期规划的昌马、黄羊、平川、东乡、康乐、积石山、黄龙等抽水蓄能电站建设，进一步提升全省电网系统调峰能力。加强水电资源开发的规划管理和环境影响评价，严格水电项目管理和运行监督，落实地质灾害防治措施，减少对库区周边建筑物危害；确保生态流量的下泄，保护河道生态环境。到 2025 年，水电装机达到 1000 万千瓦左右。

专栏 5　"十四五"及中长期开工建设的抽水蓄能项目

昌马、张掖、黄羊、东乡、麦积黄龙、永昌、肃南皇城、阿克塞、平川、康乐、积石山、宕昌等抽水蓄能项目。

---

5. 推进生物质能和地热能高质量发展。在农作物秸秆、畜禽粪污、餐厨垃圾等生物质资源富集的地区，布局建设生物质发电和生物天然气项目。积极争取国家对城镇天然气管网资金支持，补齐天然气供需短板，优化区域天然气供给结构，提升农村用能水平。加大全域地热资源勘查，探获大中型地热田，为地热资源利用提供保障。拓展兰州、张掖等盆地地热资源利用领域，大力推进中深层地热能供暖，推动地热能分区分类利用和井下换热技术应用。积极开展浅层地热能开发利用，提高地热资源利用率。加强地热资源动态监测，探索回灌技术，推动地热资源高效、循环和综合利用。

（二）建立风光电经济高效利用机制

1. 推动风光电成本持续降低。坚持市场化方向和竞争性资源配置模式，提高风光电利用效率和提质增效。适应技术创新推动新能源成本下降新趋势，着力推动风光电项目竞争性低价上网。持续优化投资环境，降低风光电项目建设非技术成本。充分利用规模化、集约化发展带来的投资红利，增大单体项目规模，积极推动行业装备产业技术进步和行业升级。

2. 提升风光电本地消纳能力。促进工业能源消费低碳化，积极拓宽绿色电力应用市场，提升装备制造业电气化水平，加快化石能源替代，进一步提高清洁能源在终端能源消费中的比重。探索实施省内传统用能企业建设智慧电网及新能源就地消纳示范项目，积极支持大型工业企业，持续提高企业清洁能源消费占比，有效降低碳排放量，进一步提升全省新能源就地消纳能力。采取直购电交易措施降低工业企业用电成本，吸引承接中东部地区现代高载能产业转移，最大限度提高全省就地消纳能力。

3. 拓展新能源应用场景。树立品牌意识，积极推进"零碳"产业园及示范城市建设，创建新能源使用比例高、电源建设与电网调度协调发展、各具特色的"零碳"产业园。实施建筑效能提升工程，稳步推进既有居住建筑节能改造，积极发展绿色建筑。大力倡导绿色交通，鼓励公共交通及大型矿山用车等专用车辆实施新能源替代，推动以纯电动汽车、插电式混合动力汽车、氢燃料电池汽车为代表的新能源汽车替代传统的燃油汽车。支持在高速公路服务区、普通国省干线服务区（停车区）、公路客运场站和大型公共停车场等区域布局建设新能源汽车充电基础设施。

4. 开展风电机组、光伏组件回收处理。推动风电机组、光伏组件回收处理技术与产业发展，补齐风电、光伏发电绿色产业链最后一环，实现全生命周期绿色闭环式发展。适时启动现役风电机组退役、换代、升级，开展风力发电机组废叶片综合利用，引进大宗工业固体废弃物资源综合利用基地骨干企业，建设废弃风电叶片资源综合利用产业基地。

5. 提高电力系统灵活性。加快实施全省既有火电机组灵活性改造，挖掘火电机组调峰潜力，鼓励燃煤机组增加高效储能设施，建立适应风、光电力特性的优先调度用能体系。推动储能成本进一步降低和多元利用，开展风储、光储、大电网储等发储用一体化的商业应用。强化需求侧管理，积极推广能效电厂、需求响应、电能替代，探索发挥电动汽车等生产生活充放电设施在调峰方面的辅助作用。

（三）提高能源资源利用效率

1. 严格落实能耗管控制度。完善能耗管控制度体系，以高质量优化存量和高标准引导增量为原则，对标国内外先进水平，提高确需上马的高载能项目准入门槛，强化重点区域、行业、企业存量能耗精细化管理，加快能效提升步伐，实现能耗需求与产业布局衔接。新增能耗优先保障生态产业、民生用能等重大项目，建立健全用能预算管理体系，不断优化能源配置能力。

2. 有效抑制石油消费增量。继续开展工业、建筑等重点用油行业节能，推进终端燃油产品能效提升和重点用能行业能效水平对标达标，推进工业企业余热、余压利用。大力推广电能、天然气等对燃油的清洁化替代，加快电动汽车、氢燃料汽车等新能源汽车应用。持续推进成品油质量升级，稳妥推广乙醇汽油、生物柴油等生物质液体燃料，提高清洁油品生产和供应水平。

3. 引导扩大天然气消费。加快城镇燃气管网建设，提高城镇居民天然气气化率。坚持"以气定改"，有序推进冬季清洁取暖"煤改气"工程。推进工业领域燃煤替代，科学合理发展工业燃料用气。支持交通领域天然气消费，加快发展车用天然气。

4. 提高农村用能效率。加大农村电网巩固提升工程投资力度，持续改善农村用能结构，进一步提高农村用能效率。积极推动燃气下乡，加快农村沼气工程建设运营，加强秸秆能源化利用，有效减少农村生活用能污染物排放。鼓励农村发展户用分布式光伏发电，支持农村地区利用集体未利用土地开展风光电项目建设，提高农村电力清洁化水平，助力乡村振兴。

五、提升能源保供能力

（一）发挥煤炭兜底保障作用

1. 优化煤炭生产布局，着力提高全省煤炭供给能力。"十四五"期间，重点建设华亭、灵台、宁正、沙井子、吐鲁、宁西等矿区。按照绿色化、智能化产业发展的要求，建成核桃峪、新庄、五举、甜水堡二号井、红沙岗二号井、邵寨、赤城、白岩子、红沙梁、东水泉等一批大中型现代化矿井，力争开工建设九龙川、罗川、马福川、唐家河、郭家台等重点煤矿项目。到2025年，全省生产煤矿产能总规模达到8900万吨/年，其中大中型煤矿产能占88%以上，陇东能源基地煤矿产能占55%。

专栏 6　"十四五"期间计划建成煤矿项目

核桃峪煤矿（800万吨/年）、新庄煤矿（800万吨/年）、五举煤矿（240万吨/年）、甜水堡二号井煤矿（240万吨/年）、红沙岗二号井煤矿（150万吨/年）、邵寨煤矿（120万吨/年）、赤城煤矿（90万吨/年）、红沙梁矿井（240万吨/年）、红沙梁露天矿（200万吨/年）、东水泉煤矿（90万吨/年）、白岩子煤矿（90万吨/年）。

专栏 7　"十四五"开工建设煤矿项目

红沙梁矿井（240万吨/年）、红沙梁露天矿（200万吨/年）、东水泉煤矿（90万吨/年）、郭家台煤矿（150万吨/年）、九龙川煤矿（800万吨/年）、罗川煤矿（300万吨/年）、马福川煤矿（500万吨/年）、唐家河煤矿（500万吨/年）。

---

2. 建立完善煤炭产业高质量发展体系。推动煤炭产业绿色化、智能化发展，加快生产煤矿智能化建设，加强安全生产，强化安全监管职责。深入推进煤电联营、兼并重组、转型升级等工作，鼓励大型企业煤电交叉持股，着力提升绿色高效开采水平，持续释放优质先进产能。到2025年，全省建成千万吨煤炭企业4家，产量达到6000万吨，占全省煤炭产量的80%以上。推广煤矸石、粉煤灰、废水废气等伴生废弃资源循环利用模式，大力发展煤电一体化，逐步建立煤化工产业链，加快实现煤炭产业高质量发展。

（二）提高油气生产供应水平

1. 建设陇东千万吨级油气生产基地。高质量落实油气勘探开发"七年行动方案"，加大勘探开发投资力度，保障勘探开发项目建设条件，推动油气增储上产。"十四五"期间，陇东地区按照"稳油增气、持续稳产"目标，打造千万吨级油气生产基地。到2025年，陇东地区原油产量达到1100万吨，天然气产量力争达到20亿立方米。

2. 增强油气储备保障能力。根据国家原油和成品油储备战略布局，构建政府储备和企业社会责任储备互为补充的石油储备保障体系。完善优化储气设施布局，统筹推进县级以上地方政府和城镇燃气企业储气能力建设，提高天然气储备调峰保障能力。鼓励多种主体和资本参与储气设施建设，支持通过购买、租赁储气设施或者购买储气服务等方式履行储气责任。到2025年，全省储气能力力争达到3亿立方米左右，形成县级以上地方政府不低于保障本行政区域 3 天日均需求量、城燃企业不低于其年用气量 5% 的储气能力。

3. 建设特色高端战略性石化工业基地。按照控油增化高质量发展要求，加快石化企业现有装置和产品结构调整，实现高端化、差异化、特色化产业发展，增产航空煤油、高档润滑油、特种橡胶等高附加值产品。加强科技研发，推进新产品拓展和化工产业链延伸，发展基础化工原料、合成材料生产、催化剂等。按照"产能置换、减油增化"等原则，谋划庆阳石化炼化一体、减油增化改扩建项目。

（三）提高电力安全保障水平

1. 增强电力安全风险管控能力。构建全方位立体式安全风险防范工作机制，建立并持续更新安全风险档案，开展安全风险识别、评估、预警、控制、检查、改进全过程管控，消除不确定因素，实现电网安全风险纵深防御、关口前移和源头治理。着力提高电网驾驭能力，优化系统结构，完善控制策略，强化"三道防线"，深化电网设备全寿命周期管理，落实设备运维保障要求，加强主设备运行状态监控，确保直流换流站和重要变电站安全可靠运行，构建大电网安全立体防御体系。持续提高电网保障水平，完善以客户为中心的现代服务体系，认真做好供暖保障、节日保电、供电抢修服务等工作，全力保障民生用电需求。大力培育需求侧响应市场，积极引导用户避峰、科学用电，多措并举保障电力可靠供应。保障省间输电通道作用发挥，做好负荷预测分析，加强统一调度，加大资源优化配置，提升通道利用水平；充分调用跨区备用资源，提升互济能力。加快构建发挥应急备用和调峰电源重要作用的长效机制，落实国家大面积停电事件应急预案，提高电力系统抗灾和应急响应恢复能力。

2. 积极构建智慧能源体系。持续完善能源产供储销体系，加快建设智慧能源系统和涵盖能源生产、转换、传输、存储和消费等关键环节的能源基础设施，以电为中心实现电、气、冷、热等各类能源灵活转换、互通互济，以互联网技术为手段提升能源网络的资源配置、安全保障和智能互动能力，以赋能传统业务、催生新业态、构建行业生态为重点实现价值的共创和共享。将发电、输配电、负荷、储能融入智能电网体系中，加快研发和应用智能电网、各类能源互联网关键技术装备，实现智能化能源生产消费基础设施、多能协同综合能源网络建设、能源与信息通信基础设施深度融合，建立绿色能源灵活交易机制，形成多种能源综合协同、绿色低碳、智慧互动的供能模式。大力推广新技术落地，全面提升电网智能化水平，应用现代信息通信、智慧运检、多能互补、智能量测等先进技术，增强电网运行的灵活性、适应性、互动性，提高电网对分布式电源以及多元负荷接入的适应能力和承载能力。

3. 增强电力系统网络安全。坚持"依法治安"，严格贯彻国家网络安全法，加强全面、全员、全过程、全方位管理，建成"可管可控、精准防护、可视可信、智能防御"的网络安全防护体系，坚决防范网络安全风险。建立健全信息技术产品选型安全审查机制，加强供应链安全管理。推进核心芯片、操作系统、数据库、应用软件等基础软硬件产品的安全可控能力建设。强化密码技术在电力行业网络安全工作中的支撑作用。加强联动协作与信息共享，持续提升电力行业网络安全综合检测预警及感知能力。构建全场景网络安全态势感知平台，实现全天候、全场景、全链路的网络安全监测预警和联动响应；优化IT资产本体安全防护能力，加强安全管理、安全分析、安全监测，提高网络安全防护水平，优化网络安全架构及防护体系，强化应用和业务安全防护能力，加强技术创新应用，加强安全基础设施建设，实现网络安全能力演进提升。

六、构建能源产业体系

（一）完善能源产供储销体系

1. 推动煤电清洁高效发展。统筹煤电发展和保供调峰，加快推进煤电由主体电源向基础性和调节性电源转型，促进煤电与新能源发展更好的协同，为构建以新能源为主体的新型电力系统提供坚强支撑。充分考虑电力供需平衡、负荷特性、电源结构、电网架构、安全需求等因素，合理优化煤电布局；结合受端市场空间、外送通道工程进度和省内用电负荷需求，加快推动规划内外送和保供煤电项目建设进度，确保常乐电厂3、4号机组、陇电入鲁工程配套调峰正宁电厂、灵台电厂等火电项目按期建成投产；准确把握国家煤电政策导向，适时有序启动河西第二条外送通道配套调峰电源前期和建设工作；加大现役煤电机组节能升级和灵活性改造，持续提升能效水平，全力促进煤电清洁低碳转型，全面提升电力系统调节能力。

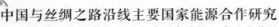

专栏 8　"十四五"新能源调峰电源项目

　　酒湖直流调峰常乐电厂二期 2×100 万千瓦项目 2023 年建成投产，陇东—山东±800 千伏特高压直流工程配套火电 400 万千瓦调峰火电项目与直流工程同步建成投产；河西第二条特高压配套调峰火电项目与输电通道同步开展前期和建设工作；结合国家政策导向和省内用电需求，适时开展省内自用煤电项目前期和建设工作。

---

　　2. 积极推进电力外送通道和电网主网架建设。配合国家西电东送战略通道建设，积极实施特高压电力外送通道工程。结合陇东煤电基地建设，推进陇东至山东±800 千伏特高压输电工程建设，开展"风光火储"一体化示范，逐步实现电网从单一电力输送网络向绿色资源优化配置平台转型。积极争取国家在河西金（昌）张（掖）武（威）和酒泉地区规划布局以输送新能源为主的特高压直流输电工程，为河西高比例清洁能源基地开发和外送提供支撑。继续加强省际断面联络，强化西北区域省间电网互济及资源配置能力，建设甘青断面武胜—郭隆 750 千伏第三回线路工程、甘肃庆北—陕西夏州 750 千伏双回线路工程。强化省内 750 千伏电网网架，新建兰临变、秦川变、庆北变、玉门变等750 千伏变电站，扩建甘州变、麦积变，继续优化完善电网结构，提高大电网资源配置能力。强化电网安全稳定运行控制和资源配置能力，建设高可靠性智能化电网。

专栏 9　"十四五"电网项目

　　1. 跨省区外送通道：建成投运陇东至山东±800 千伏特高压直流输电工程，建成投运河西特高压直流输电工程，谋划建设酒泉至上海特高压直流输电通道，建设配套相关省内电源接入送出工程。

　　2. 省际、省内交流主网架加强工程：建成投运甘肃武胜—青海郭隆 750 千伏第三回线路工程、甘肃庆北—陕西夏州 750 千伏双回线路工程、兰临（临洮）750 千伏输变电工程、甘州 750 千伏变电站 2 号主变扩建工程、麦积750 千伏变电站 3 号主变扩建工程、玉门 750 千伏输变电工程、秦川 750 千伏输变电工程、750 千伏白银——兰州东第二回线路工程，结合省内新能源项目规划布局，配套建设相关 750 千伏、330 千伏电网接入工程。

---

　　3. 加快油气基础设施建设。积极支持西气东输三线中段、西气东输四线等国家在甘重点项目建设，加快建设古浪至河口天然气联络管道等省内天然气管道，加强省内天然气管网互联互通，提高管道覆盖范围和供应能力。支持各

类主体参与省内油气基础设施建设，到 2025 年，管道天然气供应县（市、区）达到 60 个以上。

专栏 10　"十四五"油气管网项目

1. 国家在甘天然气管道：建成西气东输三线中段甘肃段、西气东输四线甘肃段管道，新增过境管道里程 1227 公里。
2. 省内天然气管道：建成古浪至河口天然气联络管道及高台、灵台、徽县、华亭、古浪等支线管道，新增管道气通气县（市、区）14 个。

---

4. 加快煤炭产供储销体系建设。结合煤炭生产、运输和需求格局，着眼于构建煤炭供应保障长效机制，建立健全以企业社会责任储备为主体、地方政府储备为补充的煤炭储备体系。严格落实最低煤炭库存制度，到 2025 年，形成相当于全省煤炭年消费量 5％的产品储备，全省静态储备能力达到 450 万吨以上。加快天水至陇南等铁路建设，逐步满足陇东煤炭外运需求，推进柳沟至红沙梁铁路专用线建设，提高红沙梁煤炭资源外运能力。推动煤炭行业大数据平台建设，建立煤炭生产、加工、运输、储存和消费信息共享机制，进一步完善甘肃煤炭交易中心功能，统筹发布甘肃煤炭价格指数，形成统一开放、公正规范、竞争有效的煤炭市场体系。

（二）统筹推进风光热气协调发展

1. 大力推进源网荷储一体化建设。充分挖掘和释放生产侧、消费侧调节能力，加强源网荷储多向互动，优化源网荷储综合配置方案，加快数字化、智能化技术应用，形成源网荷储灵活互动、协调互济的智能电力系统，提高配电网平衡能力。按照"优化存量资源配置、扩大优质增量供给"的要求，优先实施存量燃煤自备电厂电量替代、风光水火储一体化项目。

2. 推进太阳能光热发电与风光电协同发展。继续深化完善太阳能光热发电资源调查评价工作，建立光热项目储备库，推动建设光热发电与光伏发电、风电互补调节的风光热综合可再生能源发电基地。在资源富集、建设条件优越的敦煌、阿克塞、肃北、金塔、玉门、高台、金川、民勤、古浪、景泰等地区谋划实施"光热＋风光电"一体化项目，增强自我调峰能力，实现光热项目无补贴发展。支持能源企业攻坚太阳能光热发电关键技术，为全国大规模发展太阳能光热发电奠定坚实基础。

3. 推动天然气与新能源融合高效发展。充分发挥天然气优质高效、清洁低碳的优势，在河西走廊、陇东地区等风光资源富集地区，支持发展天然气调峰电站，为新能源发展提供有力支撑。在兰州、白银、兰州新区等用能需求大的地区，鼓励发展分布式天然气能源，因地制宜发展天然气热电联产，提高能源利用效率。开展管道天然气掺氢和天然气提氢研究。

（三）促进能源与产业协同发展

1. 提升军民融合发展能力。根据用电负荷增加的情况，适时有序地开展军民融合重点配套新能源基地项目建设工作，进一步推动军民融合新能源项目落地，充分有效利用风光资源，大力发展可再生能源，实现风、光、储、热多能互补的清洁能源局域供电网络，进一步降低用电价格，提高清洁能源的使用占比，通过模式创新推动新能源技术和装备发展，促进地方经济向绿色环保发展。

2. 加快能源系统智能升级。充分发挥新一代技术的牵引作用，统筹传统能源和新能源发展，以跨界融合促进能源系统智能升级。促进传统能效提升，提升煤矿智能化水平和天然气管网智能化建设运营水平，推动天然气与氢能基础设施融合发展。推进新能源与"新基建"协同发展，实现停车场与充电设施一体化建设，促进"车—桩—网"优化运行。推动储能电站、光热电站、虚拟电站等示范工程建设，加强多种能源与储水、储热、储气设施集成互补，构建面向高比例可再生能源的基础设施智能支撑体系。

3. 支持不同类型的储能示范。提高常规电源调节能力，综合运用储能和需求侧管理等技术，提高系统灵活性，力争在储能和多能集成等技术领域达到领先水平。联合风光电项目开发，建设风光储输配一体的绿色能源体系，增强调峰能力，平滑电力输出曲线，提升绿色能源消纳能力和外送水平。通过关键节点布局电网侧储能，提升大规模高比例新能源及大容量直流接入后系统灵活调节能力和安全稳定水平。积极支持用户侧储能多元化发展，探索储能与物联网融合发展，建设分布式储能绿色能源系统。争取率先开展推动重力压缩空气储能应用示范。预计到 2025 年，全省储能装机规模达到 600 万千瓦。

4. 推动氢能产业发展。培育氢能产业，加快推进电解水制氢试点，打造规模化绿氢生产基地。有序推动制氢产业基础设施建设，谋划制氢、氢存储、氢运输、加氢站、氢燃料电池"五位一体"的氢能产业园。加大钍基熔盐堆核能后续产业扶持力度，推动高温制氢装备、加氢催化制精细化学品相关产业发展。示范推广绿氢冶金、绿氢化工项目，开展能源化工基地绿氢替代，促进减少工业碳排放，有效降低冶金化工领域化石能源消耗。探索碳捕集和封存技术的商业化应用场景。"十四五"全省可再生能源制氢能力达到20 万吨/年左右。

（四）提升能源合作水平

1. 继续深化对外合作开放。积极支持省内能源研究机构产品出口尼泊尔、巴基斯坦、塔吉克斯坦、约旦等国，研发完善太阳能移动电源和磷酸铁锂储能系列产品，逐步扩大对外影响力。鼓励支持光热发电企业加大研发力度，推动技术进步、成本降低，持续推进光热发电项目建设，为光热发电企业"走出去"，拓展海外市场创造条件。加强与西班牙纳瓦拉自治区能源技术交流合作，推进绿色能源科技装备产业发展。

2. 促进区域能源转型。发挥区位优势，加强与周边省份能源合作，提升能源互济能力。以西北网特高压直流输电通道为载体，加强电力交换，提升调峰能力，扩大省内新能源外送比例。加大与中东部省份电力合作，逐步扩大外送电量，积极谋划新的特高压直流输电工程。

七、加快能源转型升级

（一）推广能源技术成果应用

1. 构建风光电全产业链体系。打好产业基础高级化、产业链现代化攻坚战，加快培育壮大风电产业链，做大做强光伏发电产业链。重点围绕产业链关键缺失环节，有针对性地开展招商推介，努力构建风光电装备制造业全产业链体系，促进风电、光伏发电及相关产业协同发展，大力发展产业升级影响大、关联度高、带动性强的专用装备、成套装备和重大装备，不断提升基础零部件、基础材料等相关配套产业的整体水平，打造全国重要的新能源及新能源装备制造基地。

2. 鼓励引导能源技术突破和示范。坚持绿色、低碳发展方向，通过技术创新和发展关联产业培育全新经济增长新动能，促进新能源装备制造规模化、产业化、集约化发展。加强风电、光伏发电、光热发电、熔盐储热材料、智能电网、储能、制氢等关键技术研发与示范，推进多种能源互补协调运行。加大对光热项目的科研支持力度，进一步推进光热发电产业技术创新，形成光热发电产业技术创新基地。鼓励在金昌等地建设绿氢产业示范园，打造风光氢储一体化能源供给中心。

3. 不断提升电力系统运行协调性。优化电网调度运行，进一步提升跨省区输电线路的灵活互济能力，促进清洁能源在更大范围内充分消纳。加强全社会用电管理，综合采取合理、可行的技术和管理措施，优化配置电力资源，在用电环节制止浪费、降低电耗、移峰填谷、促进可再生能源电力消费、减少污染物和温室气体排放，实现节约用电、环保用电、绿色用电、智能用电、有序用电。

（二）加快电气化和智能化发展

1. 推进工业能源电气化。支持工业电力消费加速增长，推动工业余热、余压、余能利用，建立高效智能、经济便捷、利益共享、多能互补的能源利用新模式。

2. 实施清洁取暖替代工程。因地制宜采用太阳能、生物质能、地热能等可再生能源替代传统能源，重点推广太阳能热利用取暖和可再生能源电力取暖，推广高效节能炉具，实现散煤燃烧取暖的长效、经济替代。

3. 推动能源新模式新业态应用。积极推进多能互补能源服务模式发展，加大新能源在大数据、云计算、互联网、人工智能等先进科技领域应用推广力度，构建能源生产、输送、使用和储能系统集成、经济高效的能源互联网。推广高效用电和可再生能源就地利用新技术、新产品和共享经济新模式。

（三）深化能源领域体制改革和机制创新

1. 深化电力体制改革。深入贯彻落实国家相关政策要求，全面推进电力市场化改革，加快培育发展配售电环节独立市场主体，完善中长期市场、现货市场和辅助服务市场有机衔接机制，扩大市场化交易规模；推进电网体制改革，明确以消纳可再生能源为主的增量配电网、微电网和分布式电源的市场主体地位；完善电力价格市场化形成机制，理顺输配电价结构，全面放开竞争性环节电价。

2. 推进油气体制改革。在省内选取具有油气开发前景的地区，鼓励符合准入要求并获得资质的企业参与常规油气勘查开采，建立完善以大型国有油气企业为主导、多种经济成分共同参与的勘查开采体系。加快推进省级管网以市场化方式融入国家管网，加快构建服务平台，为各类资源主体和下游市场用户开展公平竞争创造条件，形成覆盖全省、资源共享、公平开放的全省一张网。加强天然气管输价格和成本监审，建立完善上中下游天然气价格联动机制。配合国家能源局派出机构加大油气管网设施公平开放监管力度。

3. 创新新能源技术服务体系。探索在风电基地和新能源基地建立统一公用信息化平台和高精度功率预测系统，结合物联网、互联网技术，通过气象数据、地面监测数据及传感器数据的大数据融合，提高微观选址和功率预测精度。加快建立新能源基地信息化平台和高精度功率预测系统，进一步优化项目微观选址，提高风力和太阳能发电性能。建设大规模风电场、光伏电站区域大规模远程监控中心，对不同区域风电、光电运行状态及数据进行实时采集、分析，推动风电、光电互补运行和后续项目科学布局，提高风光电集群化远程控制能力和行业管理水平。

4. 完善可再生能源利用机制。在推进可再生能源就近消纳试点省、新能源综合示范区建设的基础上，进一步完善新能源消纳保障机制，推行绿证政策，通过指标引导方式创造持久市场需求。提高跨省区清洁能源电力外送电量，充分利用市场手段引导我省与周边省区电力互济流动。落实可再生能源消纳权重，引导各类市场主体主动承担清洁能源消纳责任。

八、投资估算和环境影响分析

（一）投资情况

到 2025 年，新建火电项目和煤电超低排放及节能改造项目总投资约 480 亿元；新开工煤炭项目总投资约 240 亿元；油气项目总投资约 700 亿元；新建和改造电网总投资约 560 亿元；抽水蓄能电站新增装机总投资约 150 亿元；风电新增装机总投资约 1500 亿元；各类太阳能发电新增装机总投资约 1400 亿元。计入生物质发电、沼气和地热能利用等方面的投资，"十四五"期间能源领域新增投资累计约 5000 亿元，能源产业对我省经济社会加快发展的支撑保障能力不断增强。

（二）环境影响分析

1. 煤炭行业

（1）环境影响

我省处于干旱半干旱地区，水资源匮乏，植被稀少，生态环境脆弱，自我修复能力差，区域内煤炭资源开发的环境影响主要表现在地下水径流的破坏、地下潜水位下降和地表水减少，造成地表干旱、水土流失、荒漠化和地表植被破坏，煤炭采选过程产生的煤矸石、煤矿瓦斯量较大，对生态环境造成一定的影响。我省煤炭矿区主要在黄河流域的兰州市、白银市、庆阳市、平凉市，从地理位置看，煤炭资源开发对矿区生态环境的影响各不相同。陇东 6 个煤炭矿区均地处黄土高原丘陵沟壑区，是黄河最大支流渭河、泾河的重要水源补给区和协同治理区域，生态环境相对脆弱，水土流失严重，是全国生态治理重点地区，人均水资源量相对较低，水资源时间、空间分布不均。靖远矿区处于黄河上游的白银市，境内黄河干流 258 公里，占黄河甘肃段总流程的 28.3%，全年降雨量少，气候干燥，冬季寒冷漫长，风沙霜冻危害频繁。窑街矿区位于黄河上游的兰州市，地处大通河、湟水河左岸，地貌总特征属黄土高原西部丘陵沟壑区，气候干旱，温差大，降水少。靖远、窑街矿区经过了半个多世纪的开发建设，矿区主要突出问题为地表沉陷和地下水破坏。

（2）保护措施

——生态影响综合治理措施。各煤炭规划矿区积极采取措施将生态影响控制到最低程度，尽量减缓对当地耕地和林地占用、农业生产和农村景观的不良影响。加强土地复垦和生态环境综合整治，积极防治水土流失，全面做好土壤保护与植被恢复。

——地表水污染防治及综合利用。所有新建、改扩建煤矿均须建设矿井水处理站和生活污水处理站，对施工期的生活污水应进行有效处理，矿井水处理后优先用于煤炭洗选加工。禁止在饮用水地表水源各级保护区内开采。

——地下水污染防治及综合利用。矿井水经处理后可用于井下洒水、选煤厂和电厂的生产用水等，矿井涌水应长期观测、建档。禁止在水源涵养地、饮用水地下水水源地各级保护区等地下水环境敏感区域内开采。

——大气环境污染控制措施。矿井、选煤厂原则上不得新建每小时 10 蒸吨以下燃煤锅炉，新建燃煤锅炉必须采用高效脱硫除尘器等设施，锅炉烟气排放浓度应满足大气污染物排放标准的规定。原煤采用筒仓或全封闭煤仓储存，转载、筛分及运输过程采取严格抑尘除尘措施。鼓励热电联供和清洁能源供热。

——固体废物合理处置与综合利用。煤矸石可用于发电、制砖，还可用于填沟造地、覆土绿化、填堵地表裂缝、平整造地和修筑路基等；炉渣可用于制砖、砌块，还可用于修筑路基等，煤矸石全部实现无害化处理，以煤矸石为主的固体废弃物处置率达标。

2. 石油行业

（1）环境影响

油田勘探开发对矿区水体环境有一定的影响，主要污染物为 COD 和石油类。油田大气环境污染主要是挥发性有机物、二氧化硫、氮氧化物、烟尘、硫化氢等，可能存在生产设备密封点泄漏、储罐装卸过程挥发损失、废水废液废渣系统逸散等无组织排放及非正常工况排污。油田生产过程中造成土壤石油类污染的主要原因是油泥沙、钻井废弃泥浆、岩屑、落地油和管线穿孔。油田和管道建设中可能对防洪设施、水资源造成影响，大量占压和扰动地表、破坏地貌植被，易造成水土流失。油田生产中的落地原油、油泥，以及注水开采、水力压裂作业等可能长期损害水土保持功能。

（2）保护措施

加强建设项目防洪影响和水资源论证工作，认真实施水土保持预防和治理措施，控制水土流失。实施工艺改进、生产环节和废水废液废渣系统封闭性改造、设备泄漏检测与修复、罐型和装卸方式改进，对易泄漏环节制定针对性改进措施，从源头减少挥发性有机物的泄漏排放。推进清洁生产，开展综合利用，大力推广二氧化碳驱油和埋存技术。加大环保投入和科研开发，加强环保监控系统建设，强化环保队伍建设。

3. 天然气行业

（1）环境影响

随着天然气资源加快开发利用，天然气占一次能源消费的比重进一步提高，可有效降低污染物和二氧化碳排放强度。若 2025 年全省天然气消费量达到 65 亿立方米，同增加等量热值的煤炭相比，可减排二氧化碳 1300 万吨、二氧化硫 14 万吨。在天然气勘查开采净化阶段，对环境的影响主要包括地震勘探施工带来的爆破噪声，钻采作业对周边生态环境和水土保持的影响，天然气净化过程中产生废水废气。在天然气项目建设过程中，对环境的影响主要包括施工机械噪声、污水、固体废弃物，以及管道沿线开挖对土壤、植被及生态环境的扰动。在天然气设施运营期间，污染物主要是清管作业、站场检修排放的天然气及场站生活垃圾等固体废弃物。

（2）保护措施

加强对天然气开采净化等过程的大气污染治理，减少无组织排放和非正常排放，确保满足环境管理相关要求。加强集约开发力度，尽量减少占用耕地、林地和草原，天然气管道项目选址尽量避免穿越环境敏感区、河道管理范围，依法依规履行建设项目许可手续。落实水土保持预防和治理措施，有效降低对生态环境的影响。强化生产环节源头控制，提升工艺水平，对废水废液废渣进行封闭性管理，防止天然气或其他废气的泄漏。制定管道、站场等场所的安全防范措施，编制完善应急预案，开展应急演练，提升应急处置能力。

4. 火电行业

（1）环境影响

——烟尘。主要是燃煤电厂排放的尘粒，不仅本身污染环境，还会与二氧化硫、氧化氮等有害气体结合，加剧对环境的损害。

——二氧化硫。煤中的可燃性硫经在锅炉中高温燃烧，大部分氧化为二氧化硫。在太阳光紫外线照射并有氧化氮存在时，可发生光化学反应而生成三氧化硫和硫酸酸雾，这些气体对人体和动、植物均有非常大的危害。

——氧化氮。火电厂排放的氧化氮中主要是一氧化氮，占氧化氮总浓度的90%以上，对人体呼吸器官、中枢神经等有损害。

——废水。火电厂的废水主要有冲灰水、除尘水、工业污水、生活污水等。除尘水、工业污水一般均排入灰水系统。

——噪音。电厂主要噪声源有空气动力性噪声、电磁性噪声和机械性噪声。

——粉煤灰渣。其主要成分是氧化硅、三氧化二铝、氧化铁、氧化钙、氧化镁等，可能会造成水体污染和大气污染。

（2）保护措施

安装高效除尘脱硫设施、采用先进脱硝技术，确保烟尘、二氧化硫、氮氧化物达标排放。废水通过处理达标后排放或回用；采用低噪声设备，加强声源管控；采用喷水抑尘等装置，减少扬尘污染；采取分区贮存、恢复植被、循环利用等方式，减少灰渣污染。

5. 水电行业

（1）环境影响

——对气候的影响。水库水量蒸发，可能会引起局部小气候的变化，可使其附近地区的气温年、日温差变小。

——对地质的影响。大型水库蓄水后，水体压重引起地壳应力增加，水渗入断层，增大岩层中空隙水压力，可能诱发地震。同时，因水库蓄水后水位升高，可能对库区周边地区的地下水位造成影响，使地下水位不同程度的升高。

——对生态的影响。上库和下库的建设造成大面积淹没，改变水生生物和陆生生物生活环境。并且上下库水位变动频繁，影响水库岸边生物栖息环境。

（2）保护措施

做好抽水蓄能电站项目设计论证，严格建设程序管理和运行监督，落实地质灾害防治措施，减少库区影响，确保水库安全运行；划定施工范围，明确生态保护责任，严守生态保护红线，做好生态恢复补偿，确保生态下泄流量，减少对生态系统影响。落实最严格的水资源管理制度，强化取水许可和水资源论证，严格取用水管理。

6. 新能源行业

（1）环境影响

风电、光电、太阳能热发电等可再生能源开发利用可替代大量化石能源消耗、减少温室气体和污染物排放，对环境改善起到积极作用。到 2025 年，全省包括风、光电、太阳能热发电在内的可再生能源利用总量折合 4980 万吨标准煤，届时，可再生能源年利用量相当于减少二氧化碳排放量约 12710 万吨，每年可减少烟尘排放量约 55 万吨，二氧化硫排放量约 131 万吨，氮氧化物排放量约 113 万吨。在项目建设期，土石方开挖可能会引起地表植被破坏，造成水土流失，对生态环境产生不利影响，在项目运行期，可能会对周边造成噪音、光影等环境污染。

（2）保护措施

科学合理规划布局，避开环境敏感区，规范环境影响评价，保证项目选址与敏感点的防护距离，优化设计施工方案，尽可能减少对地表的破坏，把对自然生态环境的影响降到最低。项目建成运营后，做好生态恢复补偿，实施生态景观修复，对场址区周边进行绿化、美化，实现风光电绿色融合发展。

九、保障措施

（一）加强规划引领

围绕规划重点任务，坚持规划与项目的相互结合和有机统一，增强规划对布局和项目投资的调控管理，促进规划有效落实，有序推进项目建设。做好与国家规划及国土空间、林草、农业农村等其他省级专项规划的衔接和协调，提高规划的科学性、合理性和可操作性，形成能源主管部门统筹、多部门参与机制，合力推进规划落实。

（二）健全规划实施机制

围绕甘肃省"十四五"能源发展目标和重点任务，各地研究制定推动能源发展的具体实施方案，明确责任分工和进度安排，确保各项政策措施有效落实。建立健全"动态监测—中期评估—总结评估"的规划实施监测评估体系，及时做好规划实施情况动态监测，根据中期评估情况及时调整优化相关目标任务，适时总结和推广规划实施典型经验。

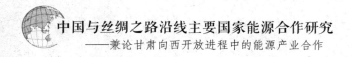
（三）完善政策支持体系

做好规划与国土空间规划衔接，保障项目实施用地。落实相关税收优惠政策，鼓励金融机构参与发行与能源相关的绿色信贷、绿色债券等产品，对清洁能源发展给予积极支持。加强基础设施扶持力度，做好能源生产基地、产业园区配套服务。优先支持能源企业申报科技奖补资金、建设实验室、技术创新中心、工业设计中心、企业技术中心等产学研用平台。加大科技资源共享，搭建科技合作平台，推进科技资源开放共享。

（四）强化人才和服务保障

支持能源企业引进人才，对高层次和急需紧缺人才，按规定享受各类人才优惠政策和相关待遇，提升住房、教育、医疗保障水平。深入推进"放管服"改革，持续优化营商环境，提升服务效能。建立项目跟踪服务机制，定期开展调度，掌握项目进展，及时协调解决项目推进过程中的困难和问题，保障项目顺利实施。

（2021 年 12 月 31 日公开发布）

后　记

"一带一路"倡议秉持开放合作精神，顺应世界多极化、经济全球化、文化多样化发展潮流，推动沿线各国在更大范围、更高水平、更深层次开展区域合作。在共建"一带一路"框架下，我国对沿线国家的能源投资、运输、生产、使用进行整合，协调不同国家间的法律、财税、金融等投资环境，同相关国家进行对接，为各方加强能源合作提供了新的机制框架。

受"甘肃向西开放务实合作"专项课题组的委托，我们承担了该书的编撰工作。在编撰过程中，课题组本着科学、严谨的原则收集整理研究资料和数据，并在此基础上展开分析研究，在梳理中国与丝绸之路沿线主要国家能源合作发展现实的基础上，探讨了甘肃向西开放进程中的能源产业合作问题。

甘肃作为丝绸之路经济带的重要组成部分，是构建我国向西开放的重要门户和次区域合作战略基地。甘肃在能源资源禀赋上独具特色，能源合作前景广阔，将形成以煤炭开发、石油开发、水电开发等传统优势能源为基础，以风能、太阳能等可再生能源开发为重点的能源发展新格局。甘肃融入丝绸之路经济带沿线国家与地区的能源合作，是一项宏大的工程，既要立足实际，不断强化和完善自身发展，又要着眼西北地区，力促协同发展、共同向西的目标，更要聚焦与中西亚国家的长远合作，互利互惠、共同繁荣，不断拓展开放领域，逐步提升开放水平和层次，以期为向西开放注入甘肃力量。

本书共分七章，由王荟负责全书大纲设计、统筹统稿及审订校对。具体分工为：王荟撰写了本书第一章至第六章，代雪玲撰写了第七章，侯宗辉、李巧玲、何剑参与了收集、整理资料等工作。